C000130641

Écrire
la *parole de nuit*
La nouvelle littérature antillaise

Nouvelles, poèmes
et réflexions poétiques
de Patrick Chamoiseau, Raphaël Confiant,
René Depestre, Édouard Glissant,
Bertène Juminer, Ernest Pépin, Gisèle Pineau,
Hector Poullet et Sylviane Telchid

rassemblés et introduits
par Ralph Ludwig

Gallimard

Nos remerciements à la Deutsche For-schungsgemeinschaft *ainsi qu'à l'université de Fribourg-en-Brisgau (Allemagne) pour avoir, par leur parrainage, permis aux auteurs de ce livre de se rencontrer.*

Révision des manuscrits : Florence Bruneau-Ludwig

LES AUTEURS

PATRICK CHAMOISEAU

Né en 1953 à Fort-de-France (Martinique), où il vit actuellement. Leader, avec Raphaël Confiant, du mouvement littéraire de la créolité. A publié les romans : *Chronique des sept misères* (Gallimard, 1986), *Solibo Magnifique* (Gallimard, 1988), *Texaco* (Gallimard, 1992), ainsi que d'autres œuvres narratives, comme, par exemple, *Antan d'enfance* (Hatier, 1990), *Chemin-d'école*, (Gallimard, 1994) et *L'esclave vieil homme et le molosse* (Gallimard, 1997). Plusieurs essais critiques, dont l'*Éloge de la créolité* en collaboration avec Raphaël Confiant et Jean Bernabé (Gallimard, 1989) et *Écrire en pays dominé* (Gallimard, 1997). Vient de publier : *Biblique des derniers gestes* (Gallimard, 2002). Coauteur des *Lettres créoles — Tracées antillaises et continentales de la littérature, 1635-1976* (Hatier, 1991). Prix Goncourt 1992 pour *Texaco*.

RAPHAËL CONFIANT

Né en 1951 au Lorrain (Martinique), vit en Martinique. Plusieurs œuvres en créole, comme les romans *Bitako-a* (Éditions du GÉREC, 1985) ou *Marisosé* (Presses universitaires créoles, 1987). Premier roman en français en

1988 : *Le nègre et l'animal* (Grasset), suivi d'*Eau de Café*
(Grasset, 1991) et du récit *Commandeur du sucre* (Archi-
pel, 1993) ; narration de souvenirs d'enfance dans *Ravines
du devant-jour* (Gallimard, 1993). Coauteur de l'*Éloge
de la créolité* (Gallimard, 1989) et des *Lettres créoles — Tracées antillaises et continentales de la littérature, 1635-1976*
(Hatier, 1991). Publie ensuite un essai intitulé *Aimé
Césaire. Une traversée paradoxale du siècle* (Stock, 1993).
Prix Novembre 1991 pour *Eau de Café*. Prix Casa de las
Americas 1993 pour *Ravines du devant-jour*.
Il a publié depuis : *Bassin des ouragans* (Mille et une nuits,
1994) ; *Mamzelle Libellule* (Serpent à plumes, 1995) ; *La
savane des pétrifications* (Mille et une nuits, 1995) ; *Maîtres
de la parole créole* (Gallimard, 1995) ; *La vierge du grand
retour* (Grasset, 1996) ; *Chimères d'en ville* (Ramsay, 1997) ;
La baignoire de Joséphine (Mille et une nuits, 1997) ; *Le
meurtre du Samedi gloria* (Mercure de France, 1997) ; *L'ar-
chet du colonel* (Mercure de France, 1998) ; *Brin d'amour*
(Mercure de France, 2001).

RENÉ DEPESTRE

Né en 1926 à Jacmel (Haïti), vit depuis 1986 à Lézignan-
Corbières (France). Publie son premier recueil de
poèmes en Haïti en 1945 : *Étincelles* (Imprimerie d'État).
Exilé de 1959 à 1979 à Cuba, après avoir été invité par
« Che » Guevara ; voyages dans le monde entier. Proche
d'auteurs comme Jorge Amado et Aimé Césaire. Importante œuvre romanesque et poétique, comprenant des
recueils de poèmes, par exemple le *Journal d'un animal
marin* (Gallimard, 1990), l'*Anthologie personnelle* (Actes
Sud/Gallimard, 1993), des nouvelles, comme *Alléluia
pour une femme-jardin* (Gallimard, 1981), *Éros dans un train
chinois* (Gallimard, 1990), et des romans : *Le mât de
cocagne* (Gallimard, 1979), *Hadriana dans tous mes rêves*
(Gallimard, 1988). S'y ajoutent des ouvrages critiques,

avant tout son traité *Bonjour et adieu à la négritude* (Robert Laffont, 1980) et *Le métier à métisser* (Stock, 1998).
Prix Renaudot 1988 pour *Hadriana dans tous mes rêves*.

ÉDOUARD GLISSANT

Né en 1928 à Bezaudin (Martinique), vit en Martinique et aux États-Unis, où il enseigne à l'Université de New York. Fondateur du courant de l'antillanité. Peut être considéré comme le théoricien littéraire le plus important de la Caraïbe à l'heure actuelle. Rédacteur en chef du *Courrier de l'Unesco* jusqu'en 1988. Œuvre en quatre volets : roman, poésie, théâtre et théorie poétique. Citons, entre autres :
— les romans : *La Lézarde* (Le Seuil, 1958), *Le quatrième siècle* (Le Seuil, 1964), *Malemort* (Le Seuil, 1975), *La case du commandeur* (Le Seuil, 1981), *Mahagony* (Le Seuil, 1987), *Tout-monde* (Gallimard, 1993) ;
— les recueils de poèmes : *Un champ d'îles — La terre inquiète — Les Indes* (Le Seuil, 1965), *Pays rêvé, pays réel* (Le Seuil, 1985), *Fastes* (Éditions du CREF, 1991) ;
— la pièce de théâtre : *Monsieur Toussaint* (Le Seuil, 1961/1986) ;
— les œuvres théoriques ; *Soleil de la conscience* (Le Seuil, 1956) *L'intention poétique* (Le Seuil, 1969), *Le discours antillais* (Le Seuil, 1981), *Poétique de la relation* (Gallimard, 1990).
Prix Renaudot 1958 pour *La Lézarde*.
Il a publié récemment : *Introduction à une poétique du divers* (Gallimard, 1996) : *Faulkner, Mississippi* (Stock, 1996) ; *Sartorius* (Gallimard, 1999) ; *Le monde incréé* (Gallimard, 2000).

BERTÈNE JUMINER

Né en 1927 à Cayenne (Guyane française), de père guyanais et de mère guadeloupéenne. A passé une partie de son enfance en Guadeloupe. Professeur de médecine ;

affectations en Tunisie, en Iran et au Sénégal. Recteur
de l'Académie Antilles-Guyane de 1981-1987, il vit actuellement à Trois-Rivières (Guadeloupe). Marqué d'une
manière décisive par la pensée de Franz Fanon qui fut
son ami. A publié cinq romans : *Les Bâtards* (Présence
africaine, 1961, avec une préface d'Aimé Césaire), *Au
seuil d'un nouveau cri* (Présence africaine, 1963), *La
revanche de Bazambo* (Présence africaine, 1968), *Les héritiers de la presqu'île* (Présence africaine, 1979), *La fraction
de seconde* (Éditions caribéennes, 1990). Prix des Caraïbes
1979 pour *Les héritiers de la presqu'île.*

RALPH LUDWIG

Né en 1956 à Bielefed (Allemagne). Chercheur, professeur de philologie romane à l'université de Halle (Allemagne). Spécialiste des langues et cultures de la Caraïbe
où il effectue régulièrement des séjours de recherche. A
publié de nombreux ouvrages et articles en allemand,
espagnol et français, dont le recueil intitulé *Les créoles
français entre l'oral et l'écrit* (Narr/Tübingen, 1989), le *Dictionnaire créole-français (Guadeloupe)* (avec Danièle Montbrand, Hector Poullet et Sylviane Tedchid, SERVEDIT,
1990), le dossier *Littératures caribéennes — une mosaïque
culturelle* (avec la collaboration d'Oumar Ette, dans la
revue *Lendemains,* n° 67, 1992, Hitzeroth/Marburg).
Vient de publier un *Corpus créole. Enregistrements, trans-
criptions et traductions* (avec Sylviane Telchid et Florence
Bruneau-Ludwig, Buske 2001).

ERNEST PÉPIN

Né en 1950 au Lamentin (Guadeloupe). Professeur de
lettres, actuellement directeur des affaires culturelles au
Conseil général de la Guadeloupe. Nombreuses œuvres
poétiques, comme les recueils *Au verso du silence* (L'Har-
mattann 1984, avec une lettre de René Depestre) et *Boucan de mots libres* (Éditions Casa de las Americas, 1990).

Publie son premier roman en 1992 : *L'homme au bâton* (Gallimard).
Prix Casa de las Americas 1990 pour *Boucan de mots libres*.
Il a également publié *Tambour-Babel* (Gallimard, 1996) ; *Coulée d'or* (Gallimard, 1996) ; *Le Tango de la haine* (Gallimard, 1999).

GISÈLE PINEAU

Né en 1956 à Paris, de parents guadeloupéens. Découvre la Guadeloupe à partir de 1960, puis s'y installe en 1980. A publié *Un papillon dans la cité* (Éditions Sépia, 1992) et *La grande drive des esprits* (Éditions Le Serpent à plumes, 1993).
Premier prix d'Écritures d'Îles pour sa nouvelle *Paroles de terre en larmes* (parue dans un recueil du même titre, Hatier, 1987). Prix Carbet de la Caraïbe 1993 pour *La grande drive des esprits*.
Elle a publié également *L'exil selon Julia* (Stock, 1996) et *L'âme prêtée aux oiseaux* (Stock, 1998).

HECTOR POULLET

Né en 1938 à Anse Bertrand (Guadeloupe), vit en Guadeloupe. Militant et poète créole. Édite, durant les années soixante-dix, le bulletin *Mouchach*, sous-titré *Bulletin de la créolité*. Auteur du poème *Twa twa tou patou* («Quel est ce trio?»), qui est devenu «un hymne à l'unité caribéenne [...], souvent récité dans les meetings politiques et les manifestations culturelles» (P. Chamoiseau/R. Confiant). Une grande partie de ses poèmes est publiée dans le recueil bilingue *Pawòl an bouch — Paroles en l'air* (Désormaux, 1982) ; auteur du conte *Tibouchina — Conte créole bilingue* (Messidor/La Farandole, 1990) et du recueil de fables *Zayann* (avec Sylviane Telchid, Éditions PLB 2000). Divers travaux sur la langue créole, dont le *Dictionnaire créole-français (Guadeloupe)* (avec Ralph Ludwig, Danièle Montbrand et Sylviane Telchid, SERVEDIT.

1990) et *Le créole sans peine* (avec Sylviane Telchid, Assimil, 1990).

SYLVIANE TELCHID
   Née en 1941 à Capesterre-Belle-Eau (Guadeloupe). Spécialiste du conte créole, elle a publié le recueil *Ti-Chika...
et d'autres contes antillais* (Éditions caribéennes, 1985).
Nombreuses traductions et adaptations de pièces de
théâtre ; divers travaux sur la langue créole, dont le *Dictionnaire créole-français (Guadeloupe)* (avec Ralph Ludwig,
Danièle Montbrand et Hector Poullet, SERVEDIT 1990), *Le
créole sans peine* (avec Hector Poullet, Assimil, 1990). A
publié également *Throvia de la Dominique* (L'Harmattan,
1996) et *Zayann* (avec Hector Poullet, Éditions PLB
2000). Coauteur (avec Ralph Ludwig et Florence Bruneau-Ludwig) d'un *Corpus créole. Enregistrements, transcrip-
tions et traductions* (Buske, 2001).

RALPH LUDWIG

Écrire la parole de nuit

INTRODUCTION

Sé lannuit fò-w rakonté kont. Si ou rakonté kont lajouné ou ké touné an boutey.

PROVERBE CRÉOLE

Quel est, doué de sens, l'être vivant qui n'aime pas, dans le miracle des apparitions de cet espace immense autour de lui, avant tout la lumière avec ses couleurs, ses rayons et ses ondes... Profondément, je m'en détourne vers la sainte, ineffable et toute mystérieuse Nuit... Faut-il toujours que le matin revienne ? L'empire de ce monde ne prend-il jamais fin ? Une fatale activité engloutit les élans divins de la Nuit qui s'approche. Ne va-t-il donc jamais, le sacrifice occulte de l'Amour, éternellement brûler ?

NOVALIS, *Hymnes à la nuit*

Leur offrir un convenir de langage et d'obscurité, par où perdure en tout l'imprévu de la parole : comme d'une épaille grandissant ses lunes, sur des ombres sculptées.

ÉDOUARD GLISSANT, *Fastes*

I. ACTUALITÉ ET INDIVIDUALITÉ DE LA LITTÉRATURE ANTILLAISE

Depuis quelques années, le succès de la littérature antillaise va croissant. Certains de ces auteurs — comme Édouard Glissant, René Depestre, Patrick Chamoiseau et Raphaël Confiant — ont obtenu d'importants prix littéraires ou sont déjà traduits dans d'autres langues.

Dans le même temps, on assiste à un renouveau de cette littérature. Les années quatre-vingt ont vu apparaître toute une génération d'auteurs qui a relancé le débat, tant sur le style que sur le contenu de l'écriture antillaise.

Ces faits méritent une explication. C'est pourquoi nous proposons ici un certain nombre de textes inédits[1] qui, d'une manière ou d'une autre, ont tous trait au thème central de cette récente orientation littéraire : le clivage entre monde de l'oral et monde de l'écrit. On y retrouve toute la verve de l'écriture antillaise qui fascine actuellement de plus en plus de lecteurs.

Les textes littéraires proprement dits, des nouvelles dans la plupart des cas, sont suivis de réflexions théoriques des auteurs sur le même sujet.

1. Les deux poèmes de René Depestre — choisis par l'auteur lui-même pour cet ouvrage collectif — figurent également dans son *Anthologie personnelle*, Poésie Actes Sud, 1993 ; deux textes narratifs ont été intégrés ultérieurement à des œuvres plus complexes, à savoir ceux d'Édouard Glissant (*Tout-monde*, Gallimard, 1993) et de Gisèle Pineau (*La grande drive des esprits*, Éditions Le Serpent à plumes, 1993).

Celles-ci témoignent d'une prise de conscience du caractère original de la littérature antillaise, née à un carrefour culturel, lieu de rencontre entre Amérindiens, colons européens, esclaves africains et ouvriers indiens (pour ne citer que les ethnies les plus fortement représentées).

Mais tout en affirmant ses liens culturels, notamment avec les traditions littéraires occidentales et la culture populaire africaine, la nouvelle littérature antillaise proclame son individualité. Certains auteurs vont jusqu'à proposer de faire de leur modèle poétique, tiré de l'expérience du métissage, un modèle général de société, applicable au-delà des frontières étroites de l'archipel.

II. LE CLIVAGE ENTRE SCRIPTURALITÉ FRANÇAISE ET ORALITÉ CRÉOLE

L'archipel est le lieu de contact et de confrontation entre le monde européen de l'écrit, de l'alphabétisation et des traditions littéraires d'une part, et le monde de l'oralité, de la langue créole, du conteur, de la fête populaire de l'autre. C'est de l'analyse de cet aspect particulier de la situation culturelle — le clivage entre scripturalité française et oralité créole — que découle la force motrice de la littérature antillaise. Or, l'alphabétisation générale et l'accès aux médias écrits sont des phénomènes relativement récents aux Petites Antilles ; et ils font, en revanche, toujours défaut en Haïti.

L'oralité suit un ordre tout autre que l'écriture. La

mémoire culturelle d'un peuple ne réagit pas de la même manière selon qu'on écrit des livres d'histoire ou que le conteur, le griot narrent la vie des ancêtres. Un proverbe africain résume bien cette différence :

> *Lorsque la mémoire va ramasser du bois mort,*
> *elle rapporte le fagot qui lui plaît.*

Cette sagesse populaire signifie que la transmission orale ne retient que les événements relatifs à la vie sociale en cours ; un fait passé dont une société ne peut plus tirer de conclusions pour le présent est rapidement oublié. La mémoire culturelle orale a donc un lien très étroit avec les hommes qu'elle unit dans une société, au sein de laquelle l'individu — au sens moderne du terme — n'existe pas. L'écriture permet certes d'étendre la mémoire d'un peuple à l'infini, mais le rapport entre cette mémoire et la société se perd, personne n'ayant accès à la totalité de la mémoire écrite d'un peuple. De plus — et contrairement à la tradition orale — la mémoire scripturale n'est pas fondée sur le modèle de la compréhension et de l'identification directes, mais sur celui de l'analyse. C'est dans cet acte d'analyse culturelle que naît le phénomène d'individualité pour aboutir à l'homme conscient de ce qui le rapproche ou le sépare de son entourage.

La mémoire culturelle orale des Antilles est d'une richesse inouïe : c'est l'univers du conte, de l'*oraliture*, de l'histoire vécue, transmise aux enfants par la seule parole, et qui a touché le peuple antillais, c'est-à-dire l'histoire des cyclones, des éruptions volcaniques, de la révolution des esclaves, etc. Cette mémoire orale est d'autant plus essentielle que les Antilles ne possèdent pas ce qu'Édouard Glissant appelle un *mythe fondateur*. En effet, le peuple antillais en quête d'identité ne peut s'appuyer sur le mythe d'une lointaine prise de possession de terres, comme par exemple le peuple d'Israël ou, comme certains peuples africains, sur celui d'ancêtres royaux. La traite des esclaves, qui a donné naissance à la société antillaise, a non seulement arraché des Africains à leur terre natale, mais elle a détruit en même temps leurs attaches culturelles. Cette mémoire orale qui naît aux Antilles à partir du xviiᵉ siècle d'un fond de débris culturels éparpillés puis rassemblés en mosaïque par l'expérience commune d'une réalité nouvelle, est donc fondamentale pour l'identité du peuple antillais.

Or, aujourd'hui, l'oralité — au moins aux Petites Antilles — se transforme au jour le jour sous l'influence de l'alphabétisation générale et des médias. Le français gagne progressivement en importance par rapport au créole, langue orale des Antilles. Quant à la nuit, espace consacré du conte et de la veillée, elle est de plus en plus accaparée par la télévision.

En Haïti, la situation se présente de manière quelque peu différente dans la mesure où l'alphabétisation ne touche qu'une minorité de la population, et où l'oralité semble, pour l'instant, y être moins menacée qu'aux Petites Antilles. Mais des auteurs haïtiens qui vivent depuis longtemps en exil, tel René Depestre, ressentent un double attachement aux lettres françaises d'une part, et à leurs racines orales puisant dans la culture créole d'autre part. Même si la relation entre scripturalité française et oralité créole peut paraître moins conflictuelle à un auteur haïtien qu'à un auteur martiniquais par exemple, on retrouve dans la littérature haïtienne ce même souci de synthèse entre les deux cultures.

L'auteur antillais moderne est l'héritier du monde créole, et en tant que tel il cherche à préserver l'oralité dans une vaste synthèse, en *écrivant la « parole de nuit »*.

III. L'ORALITÉ COMME *PAROLE DE NUIT*

Depuis le siècle de Voltaire et de Diderot, la lumière incarne la métaphore clé de la pensée analytique véhiculée par l'écriture. L'Europe a voulu « éclairer » l'Afrique « noire » et les Antilles par la colonisation et l'alphabétisation. La lumière du jour était réservée au travail, à la culture et à la langue officielles. Et jusqu'à une période récente, il était strictement interdit aux enfants antillais de parler créole à l'école.

La nuit, au contraire, a toujours été le lieu de la parole créole. C'est au crépuscule que le conteur créole réunit son auditoire. C'est une fois la nuit tombée qu'on raconte la vie des ancêtres aux enfants, et c'est là encore qu'on fête leur mort au cours des veillées. La nuit, c'est l'univers du loisir, du plaisir sensuel et de l'insoumission à l'égard des restrictions de la journée.

Sur le plan de la réflexion philosophique, prendre conscience de l'opacité revient à refuser le totalitarisme de la raison cartésienne, de la clarté. Intégrer l'opacité et le côté mythique de l'oral à l'analyse amène à relativiser cette dernière, en retraçant par là même l'itinéraire intellectuel des romantiques du xixe siècle qui s'aperçurent que l'esprit du siècle des Lumières était incapable — à lui seul — de rendre compte de l'ensemble de la réalité humaine et de son avenir, et qui découvrirent alors des genres littéraires proches de l'oral.

C'est ainsi que la parole du conteur créole n'est parfois « pas claire » et que, dans la littérature antillaise, sur le plan de la stratégie de l'écriture, la causalité fait place à l'association. L'auteur antillais d'aujourd'hui ne présente plus la réalité de son archipel comme le ferait une encyclopédie tropicale. Il associe le lecteur au mysticisme du vaudou, au rythme circulaire de la narration, au refus de réduire la réalité complexe à une formule analytique. Il répond en cela à un besoin du lecteur européen à la recherche de refuges mythiques.

L'oralité dans la littérature antillaise a donc un double impact sur le lecteur. C'est d'abord le plaisir esthétique de retrouver le rythme de la narration et un langage neuf, synthétique, qui s'inspire de tous les registres du français et du créole, sans se soumettre aux exigences du « bon usage » traditionnel. « Mon dessein était de plaire », dit Shakespeare dans l'épilogue de sa pièce *La tempête* ; la littérature antillaise poursuit le même objectif. C'est aussi la richesse de l'expérience anthropologique des sociétés

créoles, qui aboutit à une identité mosaïque, s'oppo-
sant à la domination par une seule ethnie, une seule
langue, une seule vision du monde. Ainsi, le message
de la littérature antillaise correspond aux besoins
d'une modernité en crise, d'une Europe hésitant
entre la tolérance multiethnique et la nostalgie natio-
naliste, à un moment où les grandes idéologies
s'avèrent incapables de fournir un modèle pour
l'avenir.

IV. LES TEXTES DE LA *PAROLE DE NUIT*

Tous les textes littéraires présentés ici *écrivent* la
parole de nuit ; il ne s'agit néanmoins pas de *trans-
criptions* de l'oralité. Cependant, certains sont
proches du conte créole traditionnel.

C'est surtout le cas du texte de Sylviane Telchid,
qui, pour cette raison, figure en version bilingue
créole-français. Nous avons affaire à une sorte de
conte moderne dont les motifs sont en grande partie
tirés des réserves narratives communes, sans toutefois
qu'on puisse nier la composante individuelle dans la
création de l'histoire ; celle-ci thématise l'irruption
de l'écriture dans le monde créole, tout en restant
fidèle au caractère mythique du conte traditionnel.

Les autres textes portent, à des degrés divers, la
marque de l'individualité de leur auteur. Hector
Poullet reprend un vieux mythe, celui de la « mare
au punch », tout en le transformant. Si l'histoire
orale affirme qu'on aurait coupé les seins des religieuses de la petite île de Marie-Galante (dépen-

dance de la Guadeloupe) au cours d'un épisode sanglant de la Révolution, dans sa nouvelle, les sœurs se bandent les seins pour mieux pouvoir danser.

Patrick Chamoiseau et Raphaël Confiant illustrent le rôle clé que tient l'oralité dans la société antillaise. Chamoiseau montre la magie de la parole « pas claire » qui semble entraîner la mort d'un voleur de bananes ; Confiant met en scène le rituel verbal des « majors », la rupture de ses lois communicatives et la fin de l'empire de « Fils du Diable en Personne » provoquée par un nouveau type d'acte de langage : un flot d'excuses à la française permet d'esquiver la confrontation avec le major et met ainsi un terme à son charisme.

Ernest Pépin témoigne du tapage oral fait autour d'un acte scriptural moderne, à savoir les élections ; c'est à nouveau l'oralité qui aura le dernier mot et qui vengera Octavie, cette petite vieille qui sent déjà « sa mémoire vaciller dans les sentiers de la folie douce » et qui n'avait été séduite que dans le but d'obtenir sa voix lors du suffrage.

Comme dans la nouvelle de Pépin, ce sont souvent les personnes âgées qui semblent porteuses d'une mémoire orale risquant de disparaître avec eux. Même si cette mémoire se réfère à un destin ou à des faits particuliers : dans l'ancienne société créole, le phénomène particulier est loin d'être singulier, il possède une valeur représentative générale.

C'est ainsi que la jeune protagoniste de Gisèle Pineau écoute, fascinée, le récit de la vieille Barnabé qu'elle a rencontrée par hasard. Barnabé et sa sœur jumelle avaient, alors qu'elles étaient jeunes filles, enfreint les normes imposées par leur père et découvert les plaisirs charnels : « La nuit les surprend, quittant leur couche molle, pour se vautrer dans un lit d'herbe baignée de rosée avec quelque bougre dont la figure importe peu. » Mais avec la perte de son propre enfant, la vie de Barnabé s'est transformée en drame.

C'est cette mémoire narrée, avec ses aspects opaques, constituant un lien profond de l'être humain avec son espace de vie, qui est au centre du texte d'Édouard Glissant. Il s'agit d'un souvenir dialogué : « Comme il y a du temps, hein, que nous n'avons pas déroulé une parole aussi longtemps sans arrêter, comme une pétrolette à gabarre. » Cette parole fait revivre la mère, le premier voyage de l'enfant avec sa mère à travers le pays natal, des moments de vie et de mort.

René Depestre finalement — se penchant en cela sur sa propre évolution intellectuelle marquée par de longues années à Cuba et par un rêve politique déçu — thématise dans ses poèmes les deux versants de son esthétique, à savoir le double enracinement dans l'oralité créole et la tradition littéraire française.

Les textes de réflexion poétique, qui *décrivent la « parole de nuit »* se situent sur l'axe qui va de la méditation anthropologique aux considérations esthétiques proprement dites.

La contribution d'Édouard Glissant possède une valeur primordiale puisqu'elle focalise les rapports entre la « nouvelle oralité » et l'évolution de l'Occident, ce dernier étant — philosophiquement

— marqué par l'esprit du siècle des Lumières, et politiquement par les mouvements migratoires modernes. L'auteur donne ici quelques grandes lignes de son modèle poétique, qu'il développe autour des termes d'*oralité, écriture* et *chaos,* le mot *chaos* désignant une orientation positive qui engendre l'acceptation des zones d'opacité propres à l'oralité. Quant aux stratégies esthétiques, il exige l'intégration de la dialectique de l'oral et de l'écrit à l'écriture poétique même, ce qui a comme prémisse une véritable compréhension de l'oralité. Sur un plan culturel ou politique, la société créole peut, selon l'optique de Glissant, tenir lieu de modèle au monde moderne dans lequel la notion du Mythe fondateur, tel que l'Ancien Testament, par exemple, le codifie, n'est plus apte à résoudre les problèmes actuels, et où seule une *poétique de la Relation* est susceptible de gérer les rapports entre les peuples et les individus.

Bertène Juminer explicite le terme de *parole de nuit,* qui — dans un sens plus général — est devenu le leitmotiv de cet ouvrage. Il se penche sur l'identité antillaise et pose trois questions fondamentales : *Qui sommes-nous ? D'où venons-nous ? Où allons-nous ?* La *parole de nuit* — l'histoire que narraient, la nuit, les anciens aux enfants — lui donne les éléments essentiels de réponse. Elle transmet le souvenir de l'arrachement des esclaves à la terre africaine, l'oraliture des veillées mortuaires et toute l'expérience des générations précédentes. C'est cette *parole de nuit* qui a fourni la base de la désaliénation de l'esclave, qui a créé les fondements d'une identité nouvelle ; cette oralité ne doit donc pas se laisser supplanter par la modernité qui la menace à travers l'alphabétisation à l'européenne et la télévision.

Patrick Chamoiseau prend comme point de départ le phénomène de rupture qui s'est produit au sein de la société esclavagiste, entre la culture française, scripturale d'une part, et l'oralité créole de l'autre. Pour lui, l'écrivain antillais d'aujourd'hui, légataire de cette oralité minorée, se doit d'adopter à l'égard de son lectorat, de quelque pays qu'il vienne, l'attitude du conteur créole, comme « un homme seul, debout dans la nuit, solidaire d'un cercle d'âmes écrasées qui lui sert de public ; des âmes qui attendent de lui l'émerveillement, l'oubli, la distraction, le rire, l'espoir, l'excitation, la clé des résistances et des survies ».

René Depestre aborde le débat poétique de la dialectique de l'oral et de l'écrit tout en formulant sa position — celle de l'écrivain haïtien — envers le courant littéraire qui prône l'oralité, à savoir la créolité, et dont les chefs de file sont Chamoiseau et Confiant. Suivant Depestre, le manifeste théorique de ce mouvement, à ses yeux essentiellement martiniquais — l'*Éloge de la créolité*[1], écrit en collaboration avec le linguiste Jean Bernabé —, est une œuvre majeure de la réflexion littéraire aux Antilles. Mais il tient à souligner le rôle d'anté-créole d'Aimé Césaire, qui — à son avis — n'a pas été suffisamment apprécié jusqu'à présent : « Césaire a assuré une promotion poétique jamais vue aux valeurs de la créolité : négritude-debout, onirisme antillais, réalisme merveilleux, surréalisme populaire... »

1. Gallimard, 1989.

Raphaël Confiant, tout comme Hector Poullet et Sylviane Telchid, se penche de manière plus concrète sur l'esthétique de l'écriture créole.

Confiant pose le problème du difficile choix des métaphores et de la structure étoilée que l'auteur emprunte au conte créole. Si la littérature antillaise se veut héritière de la rhétorique créole, il est essentiel de déterminer les critères d'esthétique à l'intérieur même de la langue créole, et ce que ses locuteurs entendent par « la belle parole » : c'est finalement à cette question que Poullet et Telchid répondent.

Aux lecteurs maintenant de découvrir la « belle parole de nuit ». Le langage de la nouvelle littérature antillaise constitue un défi au « bon usage » traditionnel, soit la langue littéraire codifiée en France aux XVIIe et XVIIIe siècles ; on y retrouvera le ton des œuvres carnavalesques d'avant l'époque classique, notamment celui de Rabelais. Et comme Rabelais s'adressant à ses « amis lecteurs » et « buveurs très illustres », on peut convier les lecteurs de la littérature caribéenne, de par « une lecture attentive et de fréquentes méditations », à

> *rompre l'os et sucer la substantifique moelle (c'est-à-dire ce que je représente par ces symboles pythagoriques) avec le ferme espoir de devenir avisés et vertueux au gré de cette lecture : vous y trouverez un goût plus subtil et une philosophie plus cachée qui vous révélera de très hauts arcanes et d'horrifiques mystères, tant pour ce qui concerne notre religion que pour ce qui est de la conjoncture politique et de la gestation des affaires.*

Écrire la *parole de nuit*

PATRICK CHAMOISEAU

Le dernier coup de dent d'un voleur de banane

Si Cestor Livènaj n'avait pas possédé ce pied de
bananes-jaunes, il faut dire que personne ne l'aurait
jalousé. Je ne veux pas malparler, et si ma parole
porte c'est en toute innocence, car c'est parole lavée
au silence de minuit, bien nettoyée, bien astiquée, et
balancée avec la foi en Dieu. Mais enfin, tout de
même, Cestor Livènaj n'avait pas de présentation.
Les gens de notre quartier (d'un quartier d'en haut-
bois, où le vent s'acoquine à l'oiseau malfini)
n'étaient pas des personnes à beaux-airs, mais, à beau
dire à beau faire, il y a un minimum de genre à
déposer quand on existe sur terre : une chemise
blanche pour balancer-descendre quand la messe
sonne au bourg, une chaussure éclairée que l'on
tient dans sa main haut par-dessus la boue, un chapeau escampé, un parapluie noir, un mouchoir par-
fumé d'eau de Cologne... toutes choses de rien mais
qui, dans cette vie pas facile, sont le signe d'une
personne qui affronte son destin dans l'axe d'un fil à
plomb. Mais je parle je parle, et je ne dis pas la
parole, et c'est toujours ça quand il faut décrire ce

Cestor Livènaj. Au jour d'aujourd'hui, il n'est plus
parmi nous mais lorsqu'il y était, bien vivant comme
nous-mêmes, il ne se souciait ni de messe, ni d'enterrement, ni de vêpres, ni de sérénade quand les chanteurs montaient du bourg, ni de rien. Il ne se souciait
pas d'enlever la boue d'au coin de ses orteils, ni de
passer en quelque jour de repos un complet-syrien. À
le voir, on l'aurait dit toujours en sueur dans les
dégras de ses jardins que personne n'avait vus, mais
qui semblaient se situer en direction de Morne-caco,
juste après Fond-blanchi. Il ne prenait pas non plus
le temps d'enlever ses cires de caca z'yeux ni de
coiffer la paillasse qui lui baillait cheveux. À l'heure
de quatre heures des dimanches après-midi, quand
les manmans du quartier rassemblaient les manzelles
entre leurs genoux pour leur natter des papillotes,
lui Cestor Livènaj, criait de laisser leurs cheveux
pousser en liberté comme les siens sur lesquels un
chapeau-bakoua s'effondrait jusqu'au bord des sour-
cils. Sa paillasse menait un désarmement d'existence
que tout un chacun pouvait constater quand, devant
une personne estimée, Cestor Livènaj, poli comme
caillasse de rivière, s'inclinait sous le poids d'un bonjour et soulevait son vieux chapeau jauni. Mais ce
n'est pas tout dire, que cet habit de sueur et ce
cheveu grainé : il y avait que nostr'homme vivait seul
comme mangouste dans une case en bois-bombe
tressé selon une science obscure. Personne ne sentait
cette case en élan contre la vie pour saisir le destin.
C'était, je veux dire, une case « arrêtée » ; elle semblait vouloir se perdre dans le fond de terre rouge
que les pluies ravinaient par endroits en longues

griffures sanglantes, presque tragiques ; elle semblait vouloir devenir comme l'écorce de ces trois gros manguiers qui augmentaient ses ombres, ou celle de ces mahoganys qu'aucun vent ne remuait, non par absence de vent, mais parce qu'ils avaient trop d'âge. Il est sûr, et ce n'est pas une parole inutile, que le grand âge des arbres décourage les vents. Qui ne le sait pas ne sait rien de la vie. Dans les quartiers des hauts nous savons observer, mais nous savons surtout entendre la parole dite, et c'est Cestor Livènaj, lui-même oui, qui un jour déclara que les arbres ne bougent pas au-delà des mille ans. Cela nous permit de dater nos vieux arbres et de comprendre que notre quartier, avec ses pieds de fruyapin, de caïmite, pomme-cannelle et bois-bombe, venait de plus loin dans le temps qu'il nous était possible d'un peu l'imaginer ; sauf peut-être Cestor Livènaj... Dans ses solitudes, il ne semblait jamais se lamenter de ne pas avoir une chabine à chauffer sur la paille de son matelas, ni même regretter un décompte de marmaille susceptible de prouver au monde entier qu'il avait de la race. Il était parmi nous mais sans nous ressembler, et sans un mouvement ni vers le bourg, ni vers la ville, juste là parmi nous à parler pour lui-même plus souvent qu'il ne parlait à nous, et à vivre un temps plus lointain que le nôtre, bien plus magique aussi, comme s'il voyait mieux que les bêtes-à-feu dans cette espèce d'obscurité que nous sentions nous talonner non à l'heure du soleil tombé, mais justement à l'heure de sa levée, quand il fallait s'extraire de l'écale d'un sommeil pour essayer de vivre. Lui Cestor Livènaj, ne semblait pas avoir ce problème-là, ou alors semblait mieux se débrouiller avec. En certaines heures de dimanche, dans le silence de l'usine et l'endormissement des pièces-cannes, quand nous étions là sur nous-mêmes et que nous sentions monter l'envie d'être immobiles, pris sous la chape du ciel et le vent qui passait sans toucher à nos arbres, Cestor Livènaj lui, habillé de sa sueur, de son vieux chapeau, de sa boue sur les jambes, de sa paillasse grainée, de sa vieille pipe de bambou noir qu'il tétait sur une bave, trouvait force de marcher, de monter et de descendre, non dans un endroit précis et pour une chose précise, mais visiblement pour arpenter un espace que nous ignorions tous et qui semblait pourtant s'étendre au milieu de nous avec des horizons et de grands vents battants. Et si on lui disait *Mais Cestor où tu vas ? Quelle est la question ? À quelle affaire tu bailles ?...* lui répondait *Je baille je baille mes nègres, je baille, je baille...* Il y avait aussi cette inquiétude qui tombait en paroles de sa bouche ; une parole jamais inutile mais jamais très sensée, comme s'il n'avait pas la maîtrise du langage et qu'il utilisait son créole ou son français comme de petites roches chaudes qu'il assemblait vitement-pressé et qu'il te déposait encore plus vite-ment avec une grimace de malin très vicieux. Il reprenait toujours un mot de la phrase qu'on lui avait adressée, et il te la retournait en plusieurs manières, soit en la répétant à l'infini (tu lui disais : *Ho Cestor, ouéti Fifise ?...* Lui reprenait *Fifise, Fifise, Fifise, Fifise, Fifise...* à l'infini et sur treize tons) soit en la décomposant par syllabes qu'il pétrifiait sur un bord de sa langue en te regardant en plein du mitan z'yeux. Et l'impression, cette angoisse, restait que ton mot balancé dans ton naturel de gentillesse, sans y penser, te revenait plus lourd et mystérieux que ces arbres immobiles qui, depuis leur dénonciation, habitaient nos rêves sans les transformer en cauchemar mais en leur donnant la touffeur patiente de ces fours de charbon dont personne ne sait sur quels bois ils ruminent. Et c'est tout cela qui ajoutait au reste (mais faut-il dire le reste et comment le dire sans maldire ? Comment dire sa présence nocturne devant le pas de sa maison à regarder la lune ? Comment dire les bêtes-à-feu amassées au-dessus de sa case comme mouches sur un sirop, et qui se mettaient à luire jusqu'à contrarier nos sommeils des éclats d'un orage ? Et à quoi servait cette peur que nous avions des serpents et que lui ne partageait pas, car on le voyait sillonner les grands fonds sans faire les gestes qu'il faut, ni se détourner des endroits favorables à la Bête, ni même signer une croix pour sidérer les vies inquiètes des ravines obscures ?...), c'est tout cela donc je disais, qui faisait que personne ne l'enviait. On ne le craignait pas non plus : il ne s'était signalé ni en Séancier, ni en Quimboiseur, ni en maître-à-paroles comme ces insignifiants qui se lèvent en veillée pour distiller des contes et qui d'un coup transforment leur existence en flambée de lumière, non. Il ne s'était signalé en rien. Il ne nous apportait rien, et ne semblait rien attendre de cette terre. Et c'était ça l'embêtant, car, là où nous étions tous à battre et à débattre, à lutter contre nous-mêmes et lutter contre la vie, il était difficile de supporter auprès de soi un qui n'affrontait rien et

qui semblait à l'aise de ne rien demander ni à Dieu
ni à Diable C'était embêtant, c'était difficile à penser, mais surtout difficile à envier, c'est pourquoi je le
dis sans souci de maldire. Pourtant, il y eut ce chan-
gement qui fut ce pied de bananes-jaunes. On le vit
pousser à l'abord de sa case, du côté de la rivière,
dans un lieu d'eau et d'ombre et de soleil. Un
endroit où ne tigeait d'habitude qu'une cressonnade
débile. On vit un jour en jaillir une sculpture ver-
doyante. On vit la chose convoiter le soleil en fuseau,
promettre un déroulement, et déployer soudain de
grandes feuilles lustrées. La rosée leur confiait de
petites gouttes que la lumière transformait en bijoux
et qu'aucune des fureurs du soleil ne savait assécher.
Il y eut des supputations pour dire le genre du
bananier : *banane-pomme ou banane-liane ? banane-*
tisane ou banane-kandja qui donne âcre sur ta langue ? ou
cette banane-moloye qui se coule en crème tendre et te donne
l'impression d'avaler un lait de sève... ? C'était ça les
premières questions et les premières envies à mesure
que le pied de bananes s'envoyait vers le ciel. Il
s'ouvrait avec une majesté d'autant plus étonnante
que nous nous mîmes (soudain) à nous apercevoir
que dans notre quartier, sous les arbres immobiles,
les pieds de fruit-à-pain, et les autres fruits sélection-
nés selon de confuses lois, aucune exigence n'avait
ramené de nos noirceurs un seul pied de bananes. Et
tout cela se mit à contrarier nos rêves, d'autant que
nous vîmes Cestor Livènaj se trouver une sorte d'intérêt dans la vie, non qu'il se mît à exister, mais il se
mit à effectuer des gestes mieux dirigés vers l'existence. Par exemple, nous pûmes enfin voir le travail

de son coutelas quand il tranchait les petites pousses
du bananier qui surgissaient de nuit et s'élançaient,
égoïstes impatientes, en contrariant la montée même
du tronc ; nous le vîmes aussi fouiller la terre autour
quand il fallut donner à son pied de bananes un peu
de respiration ; nous le vîmes attentif, à guetter les
grandes feuilles qui se haillonnaient en fréquentant
le vent ; nous le vîmes affronter des bestioles invi-
sibles affairées aux racines, nous le vîmes transporter
des seaux de caca-bœuf quand certaines feuilles bru-
nirent et se mirent à sécher, et nous le vîmes au
combat pour accorer le tronc quand une courbe se
produisait sous le poids de la fleur, puis sous la
charge glorieuse du régime. Notre envie devint
cruelle quand il fut clair pour tous qu'il s'agissait
d'un pied de bananes-jaunes, et d'une bonne qualité,
de celle qui te parfume à jamais le souvenir quand tu
l'as rencontrée au cœur d'un court-bouillon de
trente-deux poissons rouges, ou quand tu l'as mêlée
à l'excellence crémeuse d'une igname-bocodji et
que, par-dessus, tu as su faire saucer un ragoût de
cochon. Le régime de bananes se mit à grossir à
mesure que nos rêves s'immobilisaient, et qu'ils
s'échouaient de plus en plus souvent sur l'idée des
arbres immobiles et sur ces phares nocturnes qu'ani-
maient les lucioles. Nous nous mîmes à lui dire belle-
bonjour, à nous montrer un peu plus gentils, et
même à réfléchir sur les mots qu'il nous renvoyait, et
même à lui dire *Mais qu'est-ce que tu m'as dit là,
Cestor ?...* alors qu'auparavant nous le laissions à son
mystère. Chacun espérait être là quand il décroche-
rait sa grappe de fruits bénis. Chacun se voyait ren-

trer à case avec deux-trois bananes, et se mettre à
vivre d'une manière différente. Et chaque matin, au
lever du soleil, à mesure que le pied de bananes
mûrissait sa grappe, nous nous mîmes à envier Cestor
Livènaj, à mieux percevoir le rythme de sa vie, à
mieux comprendre ses drives incessantes, à mieux
apprécier l'emplacement de sa case dans les
ombrages et les lumières, et à percevoir de manière
incroyable une sorte de sens-juste de ce qu'il fallait
vivre dans cette vie insensée. Le jour de la cueillette
approcha. Chacun réduisait son sommeil. Chacun
ralentissait ses déplacements en sorte d'être là au
bon moment et rôder devant la case en disant le
bonjour qui incite au partage. Mais personne ne vit
mûrir le régime. Nous entendîmes juste, un matin de
réveil, le cri de désespoir de Cestor Livènaj. Dans la
nuit, un isalop avait emporté le régime. Le pied de
bananes-jaunes pendait décapité. Cestor, en dessous,
tournait et retournait, pas plus contrarié que d'habitude. Alors nous nous mîmes à douter que le cri
poussé fût de lui. Nous l'avions sans doute poussé
nous-mêmes car lui, sa vieille pipe à la lèvre, ne faisait
que tourner à l'entour, qu'à regarder, qu'à regarder.
Il murmurait à l'arbre des paroles qui semblaient ne
pouvoir se tarir en aucun-temps-jamais. Il coupa le
bananier sitôt qu'une nouvelle pousse s'éleva des
racines. Et ce fut le même cirque : nos rêves contra-
riés, et nos envies, et ce flot de paroles qu'il déversait
sous l'arbre chaque fois que le régime au bord du
mûrissement disparaissait soudain, une fois, deux
fois, trois fois, jusqu'à la quatrième qui fut salement
mortelle. En fait, on aurait pu s'y attendre mais

chacun fut surpris. Il y avait un bel émoi du quartier
à voir ainsi disparaître les bananes. Et, à chaque
disparition, nous nous précipitions auprès de Cestor
afin de héler notre indignation, mais surtout pour
mieux voir le pied de bananes qui semblait provenir
d'ailleurs que de cette terre. Nous voulions aussi
entendre ses oraisons à l'herbe, mais, bien que nous
rapprochant, bien qu'entendant sa voix, il nous était
impossible de comprendre son murmure. Cela semblait être une parole d'au-delà des paroles. Ses mots
nous éclaboussaient comme une rosée froide. Ce
langage-là, en vérité, se nourrissait de nos propres
chairs et de nos propres ombres. C'est pourquoi, au
troisième vol, nous fûmes avec Cestor, silencieux et
amers. Nous nous taisions pour mieux participer de
son dire au bananier, et pour trouver au fond de
notre cœur un reste de langage, non pas des mots,
mais des paroles intérieures, de celles qui battaient
en nous depuis nanni-nannan, qui embrumaient nos
rêves et envasaient nos vies, et qui nous taraudaient à
notre insu sauf en certaines heures où tel ou tel,
accoré sur une trace, se mettait à crier un mot qui
n'était pas un cri. C'est peut-être après le troisième
vol, que nous participâmes vraiment à la parole de
Cestor, autour de la grosse herbe. Elle but tout ce
que nous lui envoyâmes dans notre désespoir de ne
jamais pouvoir goûter à sa promesse. Elle avala le
tout, comme une eau, comme une lumière, comme
un soleil. Son tronc prit un vert différent qui aurait
pu nous alerter, et, sans même changer de pousse, il
renvoya en deux-trois temps un impossible nouveau
régime, une nouvelle espérance, un battre-manman

de bananes-jaunes inconcevables que le voleur, juste la nuit de l'à-point, déroba une fois encore. Mais, cette fois, Cestor Livènaj n'offrit aucune parole à son herbe majestueuse. Nous-mêmes rassemblés restâmes muets car nous ne savions pas parler comme lui savait parler. Il avait juste regardé le bananier et s'en était retourné à ses affaires habituelles. Nous, nous étions demeurés silencieux sous le sentiment d'une fatalité irrémédiable, impossible à nommer. Et c'est une semaine après que l'on découvrit un proche voisin de Cestor Livènaj, un nommé Fabrice Silistin, mort chez lui, avec un reste du régime de bananes suspendu au-dessus de son lit. Fabrice Silistin était une bonne personne, bien comme il faut, et nul n'aurait pu se douter que la nuit il se levait pour concrétiser nos envies, et transporter à lui tout seul, notre désir de ce régime, et le manger en notre nom à tous, et pour nous tous. Il ne laissa personne, car sa koulie avait gagné depuis longtemps l'En-Ville avec ses sept enfants, il ne laissa que sa case, et les restes du régime auquel personne ne toucha. Le pied de bananes-jaunes fit encore mûrir des charges de fruits que Cestor ignora, et nous-mêmes encore plus, personne n'osant prendre le risque d'un coup de dent sur cette merveille que notre vraie parole, notre impossible parole, avait empoisonnée pour des siècles et des siècles.

RAPHAËL CONFIANT

Fils du Diable en Personne

« Complot de nègres égal complot de chiens ! »
Fils du Diable en Personne, une cigarette Mélia à
demi consumée à la fente de sa bouche, n'avait eu de
cesse de marteler cette parole d'enrageaison depuis
le devant-jour, avant même que les cabrouets
d'ordures ne débarrassent La Levée des vestiges de la
bamboche de la veille. Adossé au mur de l'Imprimerie Officielle, il baillait force coups de talon ven-
geurs, tout-à-faitement indifférent aux gouailleries
d'une grappe de marmailles d'école qui décochaient
des roches aux hautes branches des manguiers du
boulevard. Il eut envie de leur gueuler « Respectez
ces pieds de bois, foutre ! ils ont plus d'âge sur leur
tête que vos arrière-arrière-grands-parents », mais se
ravisa. Le nègre d'aujourd'hui ne comprend plus le
poids de certaines choses, hon ! Le bougre surveillait
d'un œil les quarante-quatre marches conduisant au
Morne Pichevin et de l'autre le Carénage où s'affai-
raient déjà porteuses de charbon, dockers et marins.
Il ne pouvait admettre que ce campagnard-là l'ait
couillonné, lui, le nègre d'En-Ville, qui n'était point

une terre rapportée, une mangouste en dérade comme tous ceux qui s'infiltraient de nuit à Trénelle ou à Volga-Plage pour y bâtir des baraques en tôle, insoucieux de la boue et des maringouins. Quel que soit le chemin que prendraient ses deux pieds ce matin, il le barrerait et lui foutrait une volée dont on se souviendrait jusqu'à la fin des temps.

« Complot de nègres égal complot de chiens ! »

Il songea un instant à aller boire son décollage « Aux Marguerites des Marins » dans le secret espoir que le plat de la main d'Adelise l'effleurerait une fois de plus, comme par inadvertance, et qu'elle lui baillerait un petit morceau de sourire en s'excusant, mais il ne voulait laisser aucun chance à ce chien-fer de... comment s'appelait-il encore... ce Lablonsky ! Avec un nom pareil, il aurait dû se méfier de ce nègre si noir que bleu et dont les dents du devant étaient quasiment toutes pourries. Lablonsky, hon ! Pouvait pas porter le titre de Jean-Léandre, Lheureux ou Maximin comme tout le monde, tonnerre de braise ! À cette heure, il devait se vautrer dans les bras de Philomène, cette péripatéticienne dont les cheveux avaient, au sortir de la guerre, blanchi à l'unisson (allez savoir pourquoi, messieurs et dames ! d'aucuns évoquent quelque déchirement amoureux) et auxquels la négraille vouait une sérénissime respectation. Au temps de l'antan, ce qui revient à dire avant le Tricentenaire, Fils du Diable en Personne n'aurait pas hésité une seconde à monter l'y déloger. Qu'on se souvienne du sort qu'il avait réservé à un certain Rénor, fier-à-bras de Grand-Rivière, qui au débarqué dans l'En-Ville, avait prétendu établir son

emprise sur les deux rives du Canal Levassor, sur Au
Béraud, repaire des Coulis, et même, suprême
affront, sur les Terres-Sainvilles. Chine, le boutiquier,
l'avait pourtant mis en garde :

« Rénor, tu peux ouvrir autant de mes sacs de
lentilles et de pois rouges que tu veux, éventrer mes
caisses de morue salée, boire mon tafia sans payer,
mais faut avoir deux graines solidement accrochées
entre les jambes pour affronter Fils du Diable en
Personne.

— Oh-oh ! Fils du Diable, c'est qui ce bougre-là ?
avait faraudé le descendu, fier d'être aussi long que
le Mississippi.

— Son titre n'est pas Fils du Diable mais... Fils du
Diable en Personne. C'est pas pareil. »

Agacé par l'insistance du Chinois-pays, Rénor avait
saisi deux billets de mille francs de son comptoir
avant de tirer sur les nattes d'Ismène, sa fille, celle
dont la belleté faisait pâlir d'envie les mulâtresses à
français brodé et à lèvres fardées du Centre-Ville.
C'est cette privauté qui contraignit Fils du Diable en
Personne à mettre un amen à la carrière de Rénor,
cela plus vitement qu'il ne l'aurait souhaité. En effet,
geingôler avec ses adversaires, jouer au chat et à la
souris avec eux, les laquer avant de les ferrer comme
des congres faisait partie intégrante de son art. Après
ça, pas de quartiers ! il les marquait avant de les
dérailler et cette marque était une estafilade au
rasoir qu'il vous infligeait sur tout le côté gauche de
la figure. Paradoxe ho !, ce marquage était parfois
source de prestige pour ceux qui l'arboraient
puisqu'il témoignait que ces nègres-là n'avaient point

eu peur de chercher un trafalgar à un major du calibre de Fils du Diable en Personne. Ainsi donc, non content d'avoir chiquenaudé sa jeune promise (quoique Chine n'ait jamais baillé son « oui » au brigand), ce Rénor avait dépassé les bornes de l'exagération en s'accroupissant devant sa case et en lâchant un superbe tas de caca sur le pas de sa porte. Sa case à lui, oui, lui, Fils du Diable en Personne ! Cela au beau mitan de midi, s'il vous plaît ! Au vu et au su de tous les gensses du quartier : de Coucoune Diable, la putaine qui lui servait de plus proche voisine et qui possédait une langue encore plus sale que son troufignon ; d'Eugène Lamour, un enjôleur de première catégorie, qui vous tombait les mamzelles en fleur plus vite qu'un cyclone méchant une bananeraie ; de Sidonise Vincent alias Sylvia Menendez y Carvajal alias Shirley Vindgrave, pacotilleuse qui voyageait sans cesse entre les îles sous différentes identités ; et donc, oui, d'une quantité innumérable de nègres qui badaudaient malgré l'extrême raideur du jour.

Le plus grave, messieurs et dames de la compagnie, rapporta Radio-bois-patate, c'est que ce fameux Rénor, ignorant des coutumes du quartier Terres-Sainvilles, avait commis son forfait à la rue de la Pétition-des-Ouvriers-de-Paris, la rue de monsieur Fils du Diable en Personne ! Passe pour chier devant sa case, mais dans sa rue ! ! ! Car, honneur et respect, messieurs les mulâtres et les bourgeois, sur les rues des Terres-Sainvilles qui portent toutes des noms de défenseurs du peuple : rue des Ouvriers-de-Paris, rue Robespierre, rue Marat, rue Émile-Zola, avenue Jean-Jaurès. Nous autres, on n'a que faire de vos rues

Saint-Louis, Lamartine, Victor-Hugo, Gallieni et consorts ! En réalité, la rue la plus éminente du quartier des Terres-Sainvilles se trouvait être celle de la Commune-de-Paris, mais nul ne l'évoquait jamais et pour cause : là gîtait le redoutable Grand Z'Ongles qui pouvait vous faire trépasser avant l'heure fixée par le Bondieu en vous pointant l'ongle démesuré de son petit doigt en direction du fil de votre cœur. À ce moment-là, pas la peine de héler la Vierge Marie, le Saint-Esprit ou tous les saints du ciel car il était bel et bien trop tard. Vous vous pliiez en deux, comme atteint d'un subit mal-caduc, et on vous voyait tressauter de trottoir en trottoir, plus grotesque qu'un bœuf qui a bu de l'eau frette. Le lendemain de beau matin, soyez-en sûrs, on entendrait votre avis d'obsèques à la radio. Même Fils du Diable en Personne craignait de faire rencontre avec l'exécuteur des basses œuvres de son (présumé) père et évitait la rue de la Commune-de-Paris.

Donc, pour en revenir à cet inutile de Rénor, ce zéro devant un chiffre, la riposte du major des Terres-Sainvilles n'avait pas tardé. Il l'avait espéré à la brune du soir devant l'église, à l'heure où chacun venait se procurer un petit brin de fraîcheur sur les bancs de marbre qui s'étalaient en cercle sur la place qui lui faisait face. Il avait choisi ce lieu, la place aujourd'hui baptisée l'Abbé-Grégoire, parce qu'il entendait que la correction fût exemplaire afin que plus jamais personne n'osât contester son pouvoir à l'avenir. Cela se passait en 1932 ou 33, il n'en avait pas gardé l'exacte souvenance. Toujours est-il que vêtu d'une chemise en flanelle blanche et d'un pantalon escampé, son panama sur le crâne, le ci-devant Rénor paradait face à la geusaille à laquelle il racontait une de ses prouesses sexuelles au grand dam d'Eugène Lamour qui, de tout temps, avait tenu le rôle d'enjôleur, de Don Juan pour parler à la mode-France, dans le quartier.

« Man ba mabougrès-la tjôk lolo, man di zôt ! Tjôk lolo ! » (J'ai foutu des uppercuts de bite à cette gonzesse, je vous assure ! Des uppercuts de bite !) vantardisait la terre rapportée.

Et, pris par le ballant de sa propre jactance, le voilà qui se déchaînait : « Je l'ai dépaillée, je l'ai découcounée, messieurs, je l'ai démantibulée, je l'ai décalaminée, je... » Fils du Diable en Personne interrompit ce tourbillon de vantardises d'un solide uppercut du poing suivi d'une égorgette qui envoya le nègre-campagne valdinguer dans un dalot où croupissait une eau noirâtre. Le bougre plein de dièse et de gamme ressembla d'un seul coup à un pantin de carnaval avec tout ce migan de boue et de sang qui lui décorait les deux pommes de la figure et le devant de ses hardes. Les Sainvilliens pétèrent de rire et Fils du Diable en Personne, sûr de sa victoire, retirait déjà ses pieds de l'endroit lorsque l'intrus ôta de sa poche de derrière une jambette flambant neuve et la planta dans la cuisse du major avant de prendre la discampette vers La Levée. Le monde se dressa et fit :

« Oooh ! »

Le major tituba, incrédule, les yeux rivés sur son adversaire en fuite. Pas un cri, pas une miette de larme ne s'échappa de sa personne. Il empoigna le manche de la jambette et, se bâillonnant les dents, l'arracha sous les applaudissements de ses admirateurs.

« Il faudra appeler les Pompes Funèbres pour Rénor », prédit une femme.

« Pa mwen ki kay lantèman'y ! » (Qu'il ne compte pas sur moi pour aller à son enterrement !) renchérit quelqu'un.

On s'empressa de tamponner la cuisse du major à l'aide d'une ouate alcoolisée, on lui fit respirer du camphre, on lui bailla moult encouragements. L'homme se laissa faire, impassible, le regard lointain. Les Sainvilliens savaient que sa colère serait dévastatrice et que tous ceux qui avaient traficoté de près ou de loin avec Rénor risquaient de prendre du plomb. En fait, Fils du Diable en Personne se mura dans sa case un bon paquet de jours, chose qui en étonna plus d'un et permit à cette terre rapportée de Grand-Rivière de fiérauder plus que de raison. « Les nègres de chez moi ont plus d'estomac que ceux d'En-Ville, clamait-il. Que ceux qui contestent cette suprématie montent faire caca là ! » disait-il en se frappant la poitrine. Au bout d'une éternité de temps (ou du moins à ce qu'il sembla à maint nègre natif-natal du quartier), un battement de tambour s'éleva de la case toujours fermée raide-et-dur de Fils du Diable (certains enlevant déjà le « en Personne » s'imaginant le major fini), un battement félin qui s'insinuait par volutes entre les ruelles des cases, enveloppait les étages des rares maisons hautes-et-basses avant de se dissoudre vers la Trénelle. Chine sortit sur le pas de sa boutique et murmura :

« Woop ! Woop manman ! »

Le voisinage déserta aussitôt les trottoirs où il épui-

sait la journée en causements interminables et
s'embusqua derrière ses persiennes. Des chiens sans
maître se mirent à japper sans miséricorde. On
n'entendait plus que le passage feutré des limousines
(à l'époque, nous ne disposions que de vastissimes
automobiles américaines). Soudain, Fils du Diable
jaillit au-dehors, son tambour sur le bras, et se mit à
brailler :

« Rénô O ! Rénô, ou mô ! Ou mô jôdi-a, nèg
mwen ! » (Hé Rénor ! Rénor, tu es mort ! Tu es mort
aujourd'hui !)

Du boulevard de La Levée jusqu'au Pont de
Chaînes, du Pont Gueydon à la Cour Fruit-à-Pain,
l'écho de sa voix fracassa l'air du jour, inoculant une
tremblade inarrêtable aux doigts des nègres les plus
pleins de vaillantise, et ce n'est pas dévider des couil-
lonnaderies que d'affirmer qu'ils étaient une charge
de fois plus nombreux en ce temps-là qu'aujourd'hui
où nous sursautons à la seule vue de notre ombrage.
Ceux qui boissonnaient avec celui qu'ils imaginaient
être le nouveau fier-à-bras des Terres-Sainvilles, firent
le signe de la croix. Les chabines piquantes qui
avaient soulevé leurs jupons-cancans trop vite pour
lui, les jeunes bonshommes qui s'étaient empressés
de lui faire des commissions, les vieux-corps qui
n'avaient pas refusé de lui prêter une monnaie dont
ils savaient pertinemment qu'ils ne reverraient pas le
premier sou, tout ce monde-là mangeait son âme en
salade à présent. Fils du Diable ne passerait pas sur
leur caponnerie, ils le savaient ! Le bougre avait les
capons en horreur et en avait baillé la preuve en
faisant plus d'une fois déchauffer des Terres-Sainvilles la maréchaussée à la recherche de quelque

aigrefin ou assassineur. Rénor fut le seul, apparemment, à n'avoir pas été impressionné par l'appel de son nom. Il se faisait faire une coupe de bel garçon prêleur chez le coiffeur du bout de l'avenue Jean-Jaurès et se présenta dans la rue les cheveux coupés d'un seul côté tel un Mohican. Nul ne tenta le moindre geste pour l'arrêter car quand la mort est en marche vers vous, il est illusoire de vouloir prendre un chemin-découpé. Il faut aller tout droit et s'expliquer avec elle. Ce que fit le nègre de Grand-Rivière qui venait de fêter ses vingt-sept ans seulement.

« Mi mwen ! » (Me voici !) fit-il avec une simplicité qui le fit regretter des années après.

Fils du Diable qui cognait sur son tambour aller-pour-virer, cracha par terre, s'accroupit et, à l'aide d'une petite roche crayeuse, traça une ligne de démarcation sur la chaussée et déclara :

« Laten ou janbé larèl-tala ! Janbé'y si ou sé an nonm ! » (Je te mets au défi de franchir cette ligne ! Franchis-la si tu es un homme !)

Un sourire vague flottait sur les lèvres de Rénor. Il scruta le haut de la cuisse de Fils du Diable, à l'endroit précis où il avait fiché la lame effilée de sa jambette et ô stupéfaction, ne vit rien. Rien du tout ! Pas une marque, pas une cicatrice sur la chair peu poilue du nègre d'En-Ville. Ce dernier arborait un short en kaki rapiéceté très proprement, sans doute repassé par Ismène, la fille de Chine, celle qui avait été, en final de compte, l'auteur de ce désagrément. Ce bougre-là est un quimboiseur, songea Rénor, et il sentit son cœur chamader dans sa poitrine. Ce bougre-là doit connaître des philtres endiablés ou

des paroles de vieux nègre Congo qui guérissent
n'importe quelle blessure en six-quatre-deux. D'ailleurs son tambour bat un rythme qu'on n'a jamais
entendu : impossible de l'interpréter. Alors Rénor se
mit à réciter sur la tête du major, se souvenant des
leçons de son grand-père qui fut commandeur sur
l'habitation Gradis, à Basse-Pointe, un maître quimboiseur dont on venait implorer le secours de tout le
nord du pays. Pourtant, les mots sibyllins qu'il égre-
nait à voix basse ne parvenaient pas à immobiliser le
fils du Diable dont le blanc des yeux était devenu
d'un rouge effrayant. Une peur-cacarelle étreignit les
entrailles du nègre de Grand-Rivière qui empoigna
fébrilement le revolver qu'il avait dérobé à un marin
blanc dans un bar de la Transat, au cours d'une
partie de dominos. L'arme qu'il portait toujours à
hauteur du nombril, retenue simplement contre sa
peau par le bouton trop serré de son pantalon, lui
sembla froide et inamicale. Il la pointa sur Fils du
Diable et récita le « Notre Père qui êtes aux cieux »
cette fois-ci. Le bougre ricanait maintenant, tout en
continuant d'avancer vers lui d'un pas tranquille.
Rénor purgea sur la gâchette une fois, deux fois, trois
fois. La première fois, la balle fut déviée par un
charme, la deuxième, elle transperça Fils du Diable
sans laisser de trou, et la troisième, le revolver
s'enraya.

« Rénor, tu es mort aujourd'hui même ! » s'écria à
nouveau le nègre d'En-Ville.

Rénor se figea sur place, incapable d'appeler au
secours ou de s'enfuir comme à son habitude
(chaque fois qu'un défi le dépassait pour tout dire).

Fils du Diable embrassa son tambour et le posa avec délicatesse sur la chaussée. Puis il harangua les Sain-villiens cloîtrés dans leurs cases et leurs maisons en bois de la manière suivante :

« Vous m'aviez donné perdant trop vite, nègres sans aveu que vous êtes ! Parce qu'une petite vermine sortie de son fumier de la campagne m'a attaqué en traître, vous avez oublié qu'ici-là, c'est moi et moi seul qui ai toujours bataillé pour qu'on ne grafigne pas vos droits. J'aurais pu pourrir, me dessécher, disparaître en poussière dans ma case que personne d'entre vous aurait eu la gentillesse de soulever le loquet de ma porte. Aujourd'hui, ouvrez grandes les coquilles de vos yeux parce que ce que vous allez voir ne se voit qu'une fois par siècle. Rénor, approche ! Mon tambour t'attend. Il attend que tu le cognes et si tu y parviens, mon bougre, je décesse de m'appeler Fils du Diable en Personne et me mets aussitôt à quémander un croûton de pain aux chiens. Allons, approche ! »

Le silence qui pesait sur les Terres-Sainvilles était si lourd qu'on entendit à peine la sirène municipale corner midi. Fils du Diable patienta jusqu'à deux heures de l'après-midi, fumant cigarette Mélia sur cigarette Mélia, accroupi sur le bord du trottoir. Quand, vaincu, Rénor posa ses mains livides sur la peau de cabri du tambour, Fils du Diable se redressa et se croisa les bras, triomphal. Le nègre campagnard cogna doucement d'abord, puis plus fort, puis de plus en plus fort, le tambour ensorcelé. Il fut, raconta-t-on plus tard, happé par un rythme de bel-air étourdissant qui fit danser les ombres des cases et

gigoter le soleil déclinant. Il cogna-cogna-cogna-
cogna et puis s'effondra *blip* ! sur le tambour, atteint
de mort subite ou de congestion ou de tout autre
coup d'arrêt à sa jeune existence. Le cadavre de
l'impudent ne tarda pas à sentir mauvais et
quelqu'un se dévoua pour le charroyer à l'hôpital
colonial où on le plaça à la morgue. Son corps servit,
dit Radio-bois-patate, à des expérimentations médi-
cales.

C'est donc à ce gourmage mémorable que son-
geait, quelque vingt ans plus tard, Fils du Diable en
Personne lorsque, adossé à l'Imprimerie Officielle, il
guettait une nouvelle fois un nègre de la campagne
(natal du Vauclin cette fois) qui l'avait amblousé lors
d'une partie de « quine » sur La Savane. Cet animal
sans poils avait utilisé, à n'en pas douter, un jeu
trafiqué et lui avait lessivé les poches en l'espace d'un
quart d'heure. Bien que les temps eussent brocanté
d'aspect et que les nègreries d'antan fussent répri-
mées avec la dernière des sévérités par la justice des
Blancs-France, Fils du Diable en Personne était déter-
miné à lui péter le foie. La geôle ne lui faisait pas
peur à son âge. D'autant que ce nègre du Vauclin et
lui-même avaient dévalisé ensemble etcétéra de villas
de gros Békés de la route Didier et vivaient en quelque sorte en association. Ne partageaient-ils pas la
même case à la Cour Fruit-à-Pain ? Mais maintenant
tout était fini, brisé entre eux deux. Il allait lui faire
savoir une fois pour toutes qui était monsieur Fils du
Diable en Personne. Or, un événement inouï se produisit qui démontra à la perfection à quel point nous
avions sauté à pieds joints dans la boîte de sirop-miel

de la francité : le coquin se présenta tout penaud devant lui et lui présenta toute une dévalée d'excuses les unes plus obséquieuses que les autres, cela sans craindre de perdre la face devant l'assemblée des tafiateurs et buveurs de « Bière Lorraine » des caboulots de la Transat. Fils du Diable en Personne en demeura le bec coué. Sa rage diminua de température. Les éclairs de son regard se fondirent en lueurs amusées. Sa bouche, au lieu de colérer, balbutia. Et lorsque, comble de l'extraordinaire, le coquin lui tendit la main, il se sentit contraint de prononcer une parole historique :

« Eh ben Bondieu ! Eh ben Bondieu, le nègre n'est plus le nègre, foutre et moi, je ne m'appelle plus Fils du Diable en Personne mais Germain Soleil comme n'importe qui. »

RENÉ DEPESTRE

Adieu à la Révolution

J'ai cessé d'être un « poète noir »
sur le qui-vive à la porte
de la *Maison des Amériques*[1]
J'ai quitté le foyer deux fois natal :
mes rêves en morceaux tiennent dans un mouchoir.

Je regarde dans les yeux mes jours
élargir un nouveau ciel de poète en moi,
je fais mes adieux à tout ce qui est mort
    sur pied dans ma vie,
je mets à mort la foi et l'espérance
qui ont failli truquer mon art de vivre.

Je voyage désormais
à la belle étoile
des mots d'Alexandre Dumas père.
Mon voyage est un enfant du pardon.

1. *Casa de las Americas* : institution du régime communiste cubain
qui dirigea la « révolution culturelle » à coups d'anathèmes et
d'arguments d'autorité.

S'étant trompé de chemin de croix
mon cheval innocent s'éloigne
comme un voilier remis à neuf
pour l'aventure océane.

Ma tête grise a poussé
dans les hauteurs des mots
en pleine forme
qui firent la pluie et le beau temps
au jardin de la jeune madame Colette :
vive le dieu émerveillé d'une langue française
aussi ronde en chair et en soleil que la courbe
au lit de la femme en état de poésie.

Vive les petits matins maternels de la
    langue française !
ils me font des signes de frères
tout en haut des mots au galop
bien créole d'Aimé Césaire !
Vive la prose à monsieur André Gide !
j'ai sa fraîche aurore à la gorge
j'ai les mots frais du français-de-France
je m'imagine fraîcheur du soir
taillée dans la saison des îles
pour couvrir le parcours saharien du siècle.

Au fond du panier d'années d'exil
où mûrissent mes travaux et mes jours
— très loin du désert cubain qui pipait
les dés du fond de mon âme —
voici un sang et un horizon d'homme libre
criblés de rivières et de rêves en crue,

voici la charrue des mots à donner en vrac
à la bonne et fraîche illumination d'autrui,
en prose et en poésie, voici la pirogue
qu'il faut pour descendre en chantant
les tout derniers rapides du xxe siècle.

En fils créole de la francophonie

À nous les collines du vieux marronnage
à nous les anses et les mornes bleus
les arbres souverains en fleurs
au beau mitan du cyclone !

à nous les plages au rhum noir
sous le clair de lune
les étoiles amies face à la mer
amicalement éblouissante !
à nous les veillées dansantes
qui offrent à boire un dernier
verre de punch à nos morts !

à nous le carnaval endiablé
les combats de coqs-bataille
les fêtes catholiques
bien intégrées aux vaudous
libertaires de la table et du lit !

à nous l'élévation au septième ciel
du goût de la patate douce et du manioc
des haricots noirs et du riz aux dions-dions
des akras des petits pâtés à la morue
du poisson et de la banane plantain
coquinement sur le qui-vive
au paradis
des plats bien épicés !

à nous la liberté de marronner
les outrages du passé : le temps fort
blanc du crachat et des fers aux pieds
et à l'âme et aux mains sans horizon
les anges brûlants du citron
et du piment-z'oiseaux
sur les blessures du temps-longtemps
et par le sang qui court encore plus vite
que tout le malheur nègre en Somalie.

Dans une histoire enfin bien à nous
dans les voilures de la francophonie
à perte de vie océane à nous
la sensuelle jubilation du tambour
quand on donne à boire à manger à jouir
à sa gourmande et créole imagination !

ÉDOUARD GLISSANT

Le premier voyage[1]

« Vous étiez comme un grand fil qui n'a pas trouvé son nœud, alors on cherche le bout toute la maudite journée.

— Vous n'aviez pas un mois de pénitence sur cette terre, vous étiez déjà collé dans le bras de votre mère sans décoller jamais, en la lune comme en soleil, à tant que partout alentour on vous appelait fusil.

— Et elle était vraiment soldat, qui fait partout la sentinelle alentour, elle vous présentait à la plus petite feuille de cachiman.

— Aux plus petites roches de rivière, si petites qu'elles glissent et disparaissent entre les orteils.

— On vous appelait fusil et vous avez déjà commencé votre guerre contre le maigre qui est en vous, tout ce squelette qui vous étirait par les deux bouts et vous déroulait tout en long.

— Comme si on avait pu penser qu'un jour vous

---

1. Ce texte narre un voyage, le premier, celui qui permet de connaître le pays natal. Il a été intégré, sous une forme modifiée, au dernier roman d'Édouard Glissant (*Tout-monde*).

allez arrondir par le milieu, avec toute cette commo-
dité de votre ventre ? On n'avait pas pu.

— Mais tout-un sait que le maigre va vous rega-
gner à la fin et qu'à l'heure du tourment dernier le
Tourmenteur vous tirera par les deux bouts, vous
enroulera dans son éternité sans aucun nœud pour
arrêter.

— Vous n'avez pas commerce avec les nœuds,
vous êtes entêté dans le fil qui déroule sans fin et la
chair maigre de vendredi.

— Si bien que pas un ne peut deviner si votre
mère a charroyé un petit poids de moustique qui tète
et tète ou un grand poids de jour-sans-fin qui dévi-
sage partout, quand elle a décidé de quitter le Morne
Bezaudin pour traverser l'inconnu du pays en diago-
nale et tomber dans toutes les ravines qu'elle pouvait,
jusqu'au pont de Calebassier où on l'a vue passer
avec son fusil, courant après une chambre à dix
francs le mois, vers la rue de derrière que tout le
Lamentin appelait déjà rue Léonce-Bayardin.

— Vous n'avez pas l'idée de la foule de gens qui
vont soupirer plus tard qu'ils étaient là sur le pont à
regarder passer votre mère avec son fusil.

— Je n'étais pas sur ce pont mais Artémise. Qui
donc dit que j'étais aussi.

— Parce que votre mère avait peut-être une alpa-
gate et un sac madras amarré de petites affaires et
pas un autre bagage, mais elle a regardé droit devant
elle et tout un chacun a dit "bonjour madame" dans
son cœur.

— C'était au temps où considération ne marchait
pas au pas avec l'apparat, pas toujours.

— Il faut dire qu'elle transportait sur son corps non pas seulement le fusil mais tout ce soleil et l'ombrage des bambous depuis six heures du matin qu'elle avait quitté le morne, qu'elle avait marché sans arrêter.

— Comme il y a du temps, hein, que nous n'avons pas déroulé une parole aussi longtemps sans arrêter, comme une pétrolette à gabarre.

— Tout en partant donc du cassis devant la case.

— Au côté même où la mère de votre mère avait fait attacher un travailleur sur le vieux banc devant la maison, avec son pied estropié par une souche et pas d'espérance de lui garder sa jambe, et elle avait emmarré le pied avec toutes manières d'herbes, et il était le bougre à crier à crier, on l'entendait trois ravines plus loin et même depuis Pérou et Reculée, pendant tout un soleil qui tombe c'est dire de midi à six heures du soir, et quand elle a enlevé le plâtras d'herbages toutes les grosses et les petites souches étaient décalées du pied, collées à ces herbes comme des sauterelles en folie d'amour, et le pied rougi gros enflé tout intact, comme une igname saint-martin mal épluchée, rouge et violette et délavée. Heureuse du bonheur, parce que pas un docteur n'opérait à la ronde.

— Tout en partant donc du cassis devant la case, il fallait que vous descendez en biais, le pied-droit de can et le pied-gauche derrière, en frein à pied, sinon vous dévalez jusqu'au premier passage de la rivière.

— Là précisément où le plus jeune frère de votre mère, Sully c'était son nom, vous vous rappelez, avait rencontré dans la nuit un incendie courant qui

dévastait l'eau et il avait marché sur l'incendie alors
le feu s'était serré sous les grosses roches et votre
oncle avait sauté les roches pour aller prendre son
quart de nuit à l'usine.

— Et quand ils continuent, non pas seulement
votre oncle cette nuit-là, mais aussi votre mère en ce
matin de votre premier voyage, ils passent le pont à
passerelle où une autre nuit une autre nuit encore
un chien de trois mètres était couché en travers du
pont et votre oncle avait marché contre le chien alors
le chien avait reculé le chien sauté en bas du pont et
il avait passé.

— Vous avez donc passé ce pont comme un vaillant fusil que vous étiez, tout comme vous avez sauté
sur ces roches de la rivière, même si c'était au petit
ombrage du matin et non pas dans l'engoulevent de
la nuit. Comme un vaillant fusil bien transporté.

— C'était disons disons disons en 1928 et un mois
auparavant le volcan avait poussé du feu, du feu, on
dit au jour même de votre naissance. Il faut croire
que ce du-feu avait mis tout son maigre en vous. Bon
ce n'était pas l'éruption de Saint-Pierre, mais quand
même, tout ce maigre il ne vous a pas consommé en
éternité comme la ville en 1902.

— Et à la veille de ces accouchements une voisine
avait dit à la mère de votre mère : "Ah votre enfant
Sully, il est bien brave dans la nuit, j'ai fait l'incendie,
j'ai fait le chien, il n'a pas reculé." Et votre aïeule
avait ri et lui avait fait une gracieuseté, un lot fourni
de fruits-à-pain.

— Vous avez sauté le deuxième passage de rivière,
là même où l'eau avait débordé beaucoup plus tard,

au jour de la mort du père de votre mère, que vous n'avez pas connu, ce qui fait qu'on n'avait pas pu descendre le corps au bourg, il était resté là bloqué devant toute cette eau qui criait, on l'avait remonté par le cassis, et l'entourage avait décidé une deuxième veillée, à la deuxième il y avait plus de monde encore. "Il ne veut pas partir." Et longtemps après ça, les enfants des mornes alentours disaient entre eux sérieux comme des évêques pour partager un secret des profondeurs : "Le trépassé n'est pas passé." Votre oncle Eugène était tombé de son mulet en essayant de traverser quand même, mais même un mulet de Bezaudin n'aurait pas pu frayer dans la rage de cette eau-là, il avait fallu le remonter lui aussi, ça veut dire votre oncle, et le soigner, allongé à côté du corps défunt de son géniteur. C'était bien trois ans après votre premier départ, votre mère est arrivée tout juste pour l'enterrement et elle vous portait comme un fusil.

— Toujours marchant elle est remontée, ni mulet ni cheval ni dodge, mais il faut penser qu'à cette fois vous avez marché au moins quatre pas, au moins, dans les traces.

— Pour le moment vous descendez vous descendez.

— C'est-à-dire que vous tétez comme une moulinette, comme vous avez fait jusqu'à l'âge de dix-huit mois où vous avez consenti à avaler un peu de toloman avec combien de grimace, et vous regardez, mais vous seul pouvez dire si vous avez vu, le fond en comble de bois de fougères qui danse aléliron du Morne des Esses jusqu'aux hauteurs de Gros-Morne, la poussière de poils de bambou trempée dans un peu de soleil plein d'eau, les petits nuages qui tombent bas sur les détours de crête, le monter-descendre sempiternel comme la vie des malheureux.

— Vous quittez toute cette bombance de feuillage quand vous découvrez la lumière le plat en tombante qui courent depuis Morne-vert jusqu'à la Pelletier, pour la première fois vous naviguez dans les champs de canne vous suivez les traces entre deux alignements qui descendent presque sans descendre, à moins que votre mère de temps en temps ne coupe par un raccourci à pic, alors vous lâchez le tété pour vous intéresser à ne pas dévaler dans les herbes révulsantes qui griffent ses jambes, depuis ce moment vous connaissez les herbes, pourtant connaissez-vous les cannes depuis ce moment ?

— Elle passe, c'est-à-dire votre mère, dans le gribouillis qui va jusqu'au pont Mamin, les cannes sont mélangées avec l'odeur jaunie de la mangle, elle longe le Trou-bouillon où vous savez ce qui s'est déversé il y a plus de cinquante ans, mais voilà qu'au lieu d'entrer dans le bourg par-derrière, elle fait le détour pour rejoindre Longvyé.

— Là même où elle va laver combien de linge pour combien de gens, sans compter vos culottes de drill et vos chaussettes qui montent jusqu'aux genoux, elle dérive.

— Dans ce qui était donc à la limite de la terre et des eaux, un brouillon de bouillon de la boue et de la pierraille, de temps en temps une savane bien propre dans le gribouillis, sortie toute verte de l'amalgame et bien emparquée de clos, et un taureau bleu qui barricade deux génisses trop jeunes pour lui contre les racines d'un fromager géant.

— Elle entre au Calebassier par le chemin de Long-pré.

— Ce qui fait que vous avez comme un commis d'huissier déroulé votre papier-timbré tout au long d'au moins trois assignations sur la terre, et la première c'est l'enroulis de bois de la nuit abasourdis de tant de grands troncs letchi châtaigne gros-abricot, les boyaux aveuglés en plein midi sous les bambous au coin de toutes sortes d'eaux qui chantiroulent dans ce roulis de mornes balancés de haut en bas en haut, la deuxième c'est la pente glissante qui prend soleil de partout, la nappe maltablée de cannes découpées dans l'odeur de vezou, avec les bouquets de mangos verts de bananes qui frisent, la troisième c'est la présentation à la mer, même si vous ne le savez pas encore, avec la rivière tout emmûlatrée pour votre bain mais aussi ce temps du premier temps où l'eau n'a pas quitté la terre, tout se mêle en vase en racines noircies qui transpirent jaune dans la rouille. »

ERNEST PÉPIN

La revanche d'Octavie

Les arbres tanguaient ouvrant leurs voiles vertes au vent, au ciel déchiré par un soleil en rut. On était à Castel, un coin de campagne où les mornes s'accrochaient aux mornes comme des grappes de papayes vertes. Un coin de campagne où la vie prenait la forme de bœufs, de cochons, de chiens errants, et parmi la coquetterie éparpillée des cases et des villas, d'hommes et de femmes qui cultivaient avec amour le délire d'être au monde.

Octavie, Tata pour les enfants du voisinage, prenait comme à l'ordinaire un petit coup de berceuse, enveloppée dans une robe de grand-moune aux couleurs plus vives que celles d'une bonne prise de pêcheur un jour de chance. Depuis longtemps elle avait remis sa confession au bon vieux père Chadèque, mais elle avait de temps à autre des bouffées de souvenirs qui harcelaient sa mémoire et qui mettaient d'un seul coup dans son vieux corps l'intime présence de la vaillante bougresse qu'elle avait été autrefois.

Il faut vous dire qu'elle s'était établie comme marchande de douceurs aussi variées que le sucre-à-coco, la doucelette, la popote-à-fouyapen cristallisée, le gâteau-patate ou le doucoune au sirop-batterie.

Active, elle n'était pas comme sa commère Cornélia, vendeuse réputée sur le marché de Pointe-à-Pitre, un volcan toujours prêt à cracher des invectives bien soufrées, une femme agitée, tourmentée même par on ne savait quelle chaleur incontrôlable. Non, elle, c'était plutôt une eau douce sans bouillons, portée par une démarche à l'économie et pleine de précaution. Si bien que son charme venait d'un mélange, assez capiteux de mollesse, de rondeurs et de ferveur cachée, s'envolant de son regard de façon fugitive et presque honteuse.

Corneille, vieil ami de son défunt mari qui s'était, l'espace d'un cyclone, proposé comme consolateur attitré, gardait d'elle le souvenir d'une chair onctueuse, une chandelle chaude pleine d'effusion et de soupirs discrets qui débordaient de sa belle peau noire et lustrée.

Depuis l'enfance Octavie avait l'âme romantique, pleurant lorsque les ti-mâles du coin donnaient une sérénade en hommage à sa sœur aînée, regardant avec ravissement les libellules qui s'accouplaient en plein vol, jouant volontiers à papa-et-maman avec les jeunes cousins. Et pour tout cela elle s'entendait souvent dire qu'elle était « vicieuse », alors que son âme ne recelait que tendresse et générosité.

Tout cela était bien loin maintenant et dans sa berceuse, elle balançait un cœur de vieille femme brisée par sa maladie.

— Augustin, pourquoi tu m'as fait ça ? gémissait-elle. Tu es parti sans m'emmener avec toi et lorsque tu es revenu chercher une compagne, c'est Constance que tu as choisie ! Ingrat !

C'est vrai.

Augustin avait été emporté par un chaud-et-froid, depuis bien longtemps, et c'est vrai aussi que Constance, la rivale de toujours, était morte l'année suivante, électrocutée par un fer à repasser qu'elle avait acheté des mains d'un Syrien trop beau parleur pour être résistible.

Au début Octavie s'en était réjouie ouvertement comme d'un juste châtiment, mais le temps passant, le corps se délabrant, elle en venait à penser que Constance avait été gâtée par la chance.

C'est vrai aussi qu'elle comprenait Augustin. Même dans l'éternité de la mort, il ne lui pardonnait pas une vieille infidélité, la seule qui l'avait jetée dans les bras de Raymond.

Elle avait beau se dire que les coups de sabre dans l'eau ne laissent pas de trace, elle savait Augustin têtu et rancunier.

Depuis, elle portait sa « charge », sentant ses os se raidir, sa mémoire vaciller dans les sentiers de la folie douce et ses mains trembler de plus en plus. Sa maison même avait l'odeur d'un autre temps et si ce n'était Mary-Line qui lui avait donné deux petites-filles, elle se fût prostrée, emmurée dans sa peau de vieux lézard fané.

Raymond gardait aujourd'hui encore, à soixante-dix ans bien sonnés, une prestance que lui enviaient beaucoup d'amis. Ils avaient atteint l'âge où chacun guette l'autre pour se rassurer quant à leur espé-

rance de vie. Et il s'en trouvait toujours un pour
lancer à Raymond :

— Mais quelle eau te conserve aussi frais ? La
vieillesse t'a oublié, mon cher ?

Raymond éclatait de rire, mettant tout l'or de ses
dents au soleil, lissait ses cheveux de métis indien
d'un geste de séducteur et répondait :

— Vieillesse ! Qu'est-ce qu'on appelle vieillesse ?
J'avais un âne qui s'appelait vieillesse, il est mort
depuis longtemps, j'en ai acheté un autre et je
l'appelle jeunesse...

Au fond de lui-même il savait que les massages
amoureux, les petites attentions culinaires prodi-
guées par Lydia, une jeunesse de quarante ans, fai-
saient plus qu'un élixir de jouvence. Il n'avait pas
besoin de quimboiseur, ni de bois-bandé, ni de
décoction d'algues, son amour de la vie suffisait à le
maintenir aussi solide qu'un mahogany en plein
vent. Musique, pitt-à-coqs composaient son ordinaire
mais surtout, il avait une passion : la politique.

Les discours fleuris, lors des conférences électo-
rales, les chaviris après les victoires, les complots, les
intrigues, les chuchotements complices, les équipes,
les brigades, les milices, les tracts, les affiches, les
journaux, les militants, les sympathisants, les oppo-
sants meublaient l'essentiel de son existence.

Pour l'heure, les élections municipales s'annon-
çaient aussi serrées que la fragile serrure d'une
vierge et toute la commune se mobilisait pour ras-
sembler les voix.

Bien sûr.

On avait déjà distribué aux partisans les plus sûrs
les « bons » bulletins de vote.

On avait battu le rappel des procurations.

On avait fait circuler dans les buvettes des informations de nature à « salir » l'adversaire.

Mais tout cela ne faisait pas l'affaire, il fallait recourir au bon vieux porte à porte pour diffuser la bonne parole, « comme les témoins de Jéhovah » avait dit le maire sortant.

Raymond avait son cahier d'adresses. On n'en était plus aux temps d'avant la télévision et autres babioles où les conférences réunissaient une foule enthousiaste, avide de la parole des orateurs tous plus médisants les uns que les autres. Maintenant, il fallait convaincre, persuader, trouver des arguments, être moderne quoi !

Aucune voix ne devait manquer à l'appel !

Raymond entendait encore ces mots quand il entreprit de rendre une visite à Octavie.

Il l'avait délaissée depuis bien longtemps, depuis qu'elle s'était délabrée comme une vieille case sans héritiers. Non par ingratitude, mais parce qu'il ne pouvait admettre sa déchéance.

De temps à autre, de loin en loin, lui parvenaient des nouvelles. Octavie s'était cassé le col du fémur, sa fille Mary-Line s'était envolée vers la France, une aide ménagère venait à domicile s'occuper d'Octavie, puis tout se dissolvait dans la marée des jours et des nuits.

Chaque fois, une onde voluptueuse irradiait son cœur, c'était comme si la douceur d'Octavie l'envoûtait à nouveau, faisant revivre une ivresse que la nostalgie enrobait de miel. Ah Octavie, quel madousirop ! ! ! Il savait qu'une part de lui-même était enfouie dans le moelleux d'Octavie comme une vieille brûlure.

Il lui fallait absolument la voix d'Octavie...

Pour un rusé compère comme Raymond c'était une petite affaire, toutefois un zeste de mauvaise conscience flottait dans son cerveau.

À chaque pas qu'il faisait, il éprouvait dans sa main le poids du cadeau qu'il lui destinait. Il avait beaucoup réfléchi avant de se décider en faveur d'un carré de madras et d'une tour Eiffel immergée dans une boule dont l'effet magique se révélait être une pluie de neige qui apparaissait lorsqu'on l'agitait.

Octavie, engourdie par la délectation d'un bon déjeuner, un crabe au colombo qu'elle avait sucé en levant les yeux au ciel, s'abandonnait au rythme de sa berceuse. Elle était sur le point de s'endormir lorsqu'elle vit surgir Raymond sur sa véranda.

L'orgueil raidit les traits d'Octavie. Elle se figea dans la berceuse comme une bête prise au piège. Tout de même, on ne venait pas chez les gens comme ça ! On se faisait annoncer. Et les bonnes mœurs alors ? Il est vrai que le temps court par de drôles de chemins. Le temps va sans manière, sans respect, n'importe comment et l'on voit d'étranges choses. L'ingrat avait osé déposer la poussière de ses pieds sur le sol de sa maison ! Eh bien elle allait sortir ses manières de grande négresse et lui montrer qu'elle appartenait à la race perdue des royales.

— Qui est là ? finit-elle par dire, feignant de ne pas reconnaître Raymond, tandis que les battements de son cœur s'accéléraient.

— Comment, qui est là ? Mais c'est Raymond, le Raymond à Man Féfé, Raymond ! ! !

— Ah Raymond !

(On eût dit un cri de douleur, une sorte de plainte où se mêlaient surprise, reproche et une indéfinissable blessure.)

— Ouais, Raymond. (Un bel éclat de rire secoua ses épaules.) Hé, hé, tu as retrouvé le chemin de ma maison ? Tu as rêvé de moi, hier au soir ?

— C'est-à-dire que... C'est-à-dire... Effectivement, j'ai pensé qu'une petite visite ne faisait pas de mal...

— Petite visite ! Petite visite ! Eh bien ouais, Raymond, tu peux dire que tu es malhonnête ! (Elle le toisait en tordant sa bouche en signe de mépris.) Enfin ! Tchiiip ! Tu es déjà là...

Raymond jugea le moment propice pour remettre son cadeau.

— Je t'ai porté une petite bêtise, pas grand-chose, juste de quoi réchauffer l'amitié.

— Assieds-toi là, et dépose ça là.

Après tant d'années, elle n'allait pas lui laisser croire qu'elle accordait une quelconque importance à son présent. Ah ça non ! Ou alors, elle ne s'appelait plus Octavie !

Les paroles amenèrent les paroles. Les nouvelles voltigeaient d'une bouche à l'autre comme un oiseau indécis qui sautille de branche en branche. Et lorsque la parole devint un plaisir, une huile bien grasse qu'ils étalaient sur le pain rassis de la vie, l'aide ménagère apporta un service. Quelques rondelles de saucisson accompagnées d'un délicieux punch au citron, avec une carafe d'eau bien fraîche. Et derrière chaque phrase, les souvenirs remontaient, fêlant à chaque assaut le cœur d'Octavie.

Leur premier rendez-vous, un jour de grande lessive, au bord de la rivière. Son premier abandon dans des odeurs d'icaque, de nèfles et de goyaves. Elle s'était couchée dans l'herbe, elle avait rejoint le vertige des nuages avant de se perdre dans tout le bleu du ciel en mordant l'épaule de Raymond pour être sûre de rester dans le monde des vivants. Et puis dans cette contrée où tout le monde connaissait le fond de canari de tout le monde, le scandale, la honte. Des enfants espiègles les avaient surpris « en train de faire malélevé ». La terrible colère d'Augustin et peu après le triomphe de Constance...

Puis peu à peu, après le cyclone des passions, après les rafales de ricanements, après les derniers remous de la honte, la vie avait lancé de nouvelles tiges. Des fleurs et des épines avaient poussé, tapissant les mémoires, et la Guadeloupe avait tourné sur son axe, ne gardant pas plus de trace de leur histoire que des soubresauts de la Soufrière.

Et puis voilà. Raymond était là, devant elle, agitant ses bras, parlant avec ses mains, laissant tourner sa machine à rire.

Maintenant, elle pouvait regarder « son » cadeau.

Ses mains tremblantes avaient du mal à défaire le paquet mais elle refusa l'aide de Raymond, retrouvant pour la circonstance les gestes qu'elle faisait autrefois pour repousser ses ardeurs parfois inopportunes.

Raymond l'observait.

Comment une si belle plante avait-elle pu flétrir à ce point ? La bouche n'avait pas tellement changé, et ses lèvres étaient toujours deux ailes habiles à s'envoler vers les douceurs du monde. Il ne voulait pas se

laisser attendrir car les devoirs de sa mission exi-
geaient la plus grande finesse. Comme beaucoup de
commères, Octavie avait sa fierté et un mot de trop,
une phrase malvenue, un geste malheureux pouvait
lui faire perdre la voix qu'il espérait.

À la vue du madras, Octavie s'exclama comme une
enfant. Ce n'était pas la peine. Elle sortait si peu. Elle
n'était plus une jeunesse. La tour Eiffel l'acheva.

Elle songea nostalgiquement à ce voyage dont
toute sa vie elle avait rêvé. Mary-Line parlait de temps
à autre de la faire venir, mais le médecin s'y opposait
formellement.

— Dame Vivie, qu'est-ce qu'il y a en France qu'on
ne trouve pas ici ? Les gens se font des idées... Les
Blancs viennent de partout pour profiter de notre
pays et toi tu veux partir ! ! !

Elle se consolait en regardant la télévision, mais
sans le dire, elle n'y croyait pas trop à ces images qui
défilaient dans le petit écran. Raymond fit pleuvoir la
neige en secouant la boule. Octavie était émerveillée.

— Alors Raymond, tu as fait monter la neige à
Castel pour moi !

Elle riait, et chaque éclat de rire était comme un
bouquet d'émotions qui la réconciliait avec Raymond.

La tendresse de nouveau réchauffait son vieux
corps et elle eut soudain l'envie bizarre de lever sa
confession. Comme s'il devinait ses pensées, Raymond lui prit la main avec un sourire complice.

— Ah Octavie ! ! ! Est-ce que tu te souviens ?

— Comment oublier, Raymond ? Comment
oublier ?

Comme pour raviver leur émoi, une brise passa, légère et capricieuse. Dans la cuisine, l'aide ménagère fredonnait des airs à la mode et de façon incongrue un coq se mit à chanter.

— Comme les temps ont changé, murmura Raymond, les coqs chantent maintenant en plein jour.

Octavie demeurait silencieuse, savourant les délices d'un instant privilégié.

Raymond estima l'heure venue de passer à l'attaque.

— Octavie, lança-t-il d'une voix solennelle, les temps sont beaucoup plus durs maintenant et c'est la jeunesse qui en souffre et pourtant nous sommes tous responsables, nous devons faire le si peu que nous pouvons pour les aider.

— Les aider comment hon ?

— C'est-à-dire, est-ce que tu vas voter ?

— Est-ce que je vais voter ? Moi Oc-ta-vie ?

— Eh oui, toi Octavie ! ! !

— Attends, attends, tu es venu jusqu'ici pour me demander si je vais voter ?

L'indignation étouffait Octavie et de fait elle eut une bonne quinte de toux.

— Octavie, ne dis pas ça. Tu me connais. Je suis venu te voir. Mais tout de même nous ne sommes pas encore morts. Nous devons nous intéresser aux vivants, à la vie... Je t'imagine avec ta belle robe matador, tes colliers-choux, ton madras et moi à ton bras, entrant dans le bureau de vote, pareils à deux jeunes mariés.

Le tableau laissa Octavie rêveuse. Après tout, pourquoi pas ? Ce serait un dernier geste d'amour, une dernière parade. Sentant la partie gagnée, Raymond prudemment n'insista pas davantage, il continua la conversation sur un autre sujet tout en roulant des yeux pleins de nostalgie. Octavie fondait et sa chair se métamorphosait en sucre d'orge. Elle regarda partir Raymond, toute remuée, toute chose, toute drôle, et son cœur revigoré lui fit oublier son vieux corps. L'aide ménagère lui porta un peu d'eau de coco pour l'apaiser.

Octavie s'endormait, là dans sa berceuse, le visage détendu caressé par un rayon de soleil tiède.

Le jour du vote, le maire n'en crut pas ses yeux. Octavie fardée, maquillée, chargée de tout son or des grands jours, soutenue par Raymond, fit une entrée triomphale. En dépit de sa démarche hésitante et de ses mains qui tremblaient, elle impressionnait l'assistance par la solennité de son port. On eût dit un orgueilleux paquebot en partance pour sa dernière croisière.

Raymond avançait, un sourire rusé aux lèvres. Il ouvrit le sac d'Octavie pour prendre une pièce d'identité toute fanée qu'il remit à l'assesseur. Il accompagna Octavie à l'isoloir, puis devant l'urne il guida sa main trop agitée pour glisser le bulletin et le maire s'écria :

— Lindora Octavie a voté !

Raymond, déjà, orientait Octavie vers la sortie, lorsqu'elle se ravisa, se dirigea vers le maire et lui souffla comme une prière :

— Monsieur le Maire, mariez-nous...

Une sueur froide glissa le long du dos de Raymond. Le Maire sursauta.

— Monsieur le Maire, mariez-nous. Nous sommes à la mairie, n'est-ce pas ? Il y a des témoins ! Alors mariez-nous !

Le Maire regarda Raymond, il avait les lèvres blanches mais il acquiesçait de la tête.

Alors le Maire, après avoir pris les deux assesseurs comme témoins, prononça les paroles légales.

Après avoir entendu « Je vous déclare unis par les liens du mariage », Octavie se tourna vers l'assistance, leva les yeux au ciel et s'écria :

— Augustin, tu n'es pas venu me chercher, aujourd'hui je prends ma revanche...

GISÈLE PINEAU

Tourment d'amour

Deux décennies au moins après la fin étrange d'une vieille voisine de chez nous prénommée Boni-face, j'ai rencontré une créature qui escaladait — escortée de commère solitude et ami rhumatisme — ses soixante-cinq ans carillonnants.

Est-ce que le hasard avait porté mes pas dans ses pas ? Est-ce que cette rencontre avait été voulue par le Grand Ordonnancier ? Est-ce que cette femme attendait ma venue, pressentant qu'un jour je pren-drais mon courage et ma plume pour démêler les fils de la destinée...

1964. J'étais encore une jeunesse en ce temps. Un frais baccalauréat placardé sur mon front. Une hési-tation dans tout le corps, me ballottant, au gré des jours, entre plusieurs routes d'avenir : littérature clas-sique, histoire naturelle, sciences politiques... C'était les grandes vacances. Je promenais mes rêves sur les routes de Guadeloupe, un appareil photographique en bandoulière (récompense légitime pour mes lau-riers — mon père, instituteur, n'avait arraché qu'un brevet élémentaire !) et, au fond de l'esprit, un vaste projet d'album inédit sur les cases créoles de mon île. Je sillonnais villes et campagnes. J'allais à pied, en char, à bicyclette. *Clic ! Clac !* Pour la postérité, je figeais sur la pellicule fidèle une somme de chefs-d'œuvre qui longtemps dormiront dans un carton à chapeau.

Un matin, je décidai d'aller plus au fond des campagnes. Là où l'œil des citadins ne s'aventure que par accident. Et je vis... Oh ! délice de photographe en herbe ! Je vis une case plus que centenaire, agrippée comme une chauve-souris fiévreuse au flanc d'un morne verdoyant. Extraordinaire contraste ! La vie et la mort rassemblées dans un dernier combat ! Puissance du symbolisme ! J'ajuste mon appareil, je règle l'ouverture. *Clic ! Clac !* Je fixe, pour l'éternité, la vision exaltante et morbide. Au même moment, derrière mon dos, une voix chevrotante s'élève, vitupère :

— Qui es-tu, toi ! Tu as demandé la permission à quelle personne ? Est-ce que tu te considères comme un Blanc-France avec cette peau noire-charbon, et cette tignasse raide à casser les dents de peigne !

Effrayée, je me retourne aussitôt pour découvrir une vieille créature, sa houe menaçante à la main, ses cheveux en choux de trois jours sur la tête, une bouche manquant de dents, une robe en haillons... Mais, tandis que je la regarde, petit à petit, son visage se décompose pareil à un ciel halé de tous côtés par des nuages égarés. Sa colère fond comme un pain de glace à l'étal d'une marchande de snow-ball. Puis, très lentement, sa main s'ouvre, la houe tombe et gît déjà sans vie à ses pieds maculés de boue. La femme est transfigurée. Elle rayonne à présent. Son visage luisant de sueur baigne dans une eau sans ride.

Est-ce qu'un ange est passé ? Quelle ondée souveraine a soudain rafraîchi son humeur velléitaire ? Quelle vision lumineuse a pris possession de sa colère et taillé son regard au couteau de l'ébahissement ?

Alors, comprenez-moi, je me demande si je n'ai pas rencontré la folie dans sa nudité originelle, si mes pas ne m'ont pas menée droit au-devant d'un de ces êtres sans queue ni tête allant dans la vie à la manière des fourmis folles. Comme une bête traquée, je prépare ma fuite. Je jette un œil à ma bicyclette, l'autre à la route, si loin. Je compte mes pas. Je mesure le temps de ma course. Je fais un saut sur le côté pour me soustraire au face-à-face loufoque et silencieux. Alors, la vieille femme extatique m'arrête d'un geste de la main. Ni menaçant ni suppliant. Je suspends mon vol. Elle se met à parler. Je l'écoute. Je comprends vite que la folie n'est pas sa compagne attitrée. Je l'écoute et je fais acte de contrition. Ces infâmes pensées qui — au galop — ont traversé mon esprit font maintenant machine arrière. La peur donne des ailes à l'imagination...

Elle a soulevé ses paupières et c'était comme si elle avait levé le rideau derrière lequel, tremblant d'être surpris, se terraient les trois complices que sont : le passé, l'oubli et le souvenir. Elle a passé une main fripée pis qu'une vieille pomme-maracudja sur son front barré de rides... et quarante années de souffrances et de regrets ont glissé sur sa paume moite. Elle a secoué la tête, a ri, et tiré de sa poche un mégot rabougri qu'elle a fiché entre deux chicots acérés. Et elle a raconté... elle a mis à plat, là, toute son existence. Moi, j'avais les yeux amarrés par la curiosité et les lèvres clouées par toute l'émotion qu'est en mesure d'éprouver une fraîche et vierge bachelière. Me croirez-vous ! Elle a raconté ma voisine Boniface, la défunte, sa sœur jumelle...

Elle, on l'appelle Barnabé. Un prénom de mâle, encore ! Dans cette époque, il plaisait aux pères d'alléger le poids de leur déconvenue en dotant la progéniture femelle de pareils attributs. Fantaisie masculine qui tient de l'insolence et du dépit ! Le père, un dénommé Archibald, tombait en aigritude dès que son œil rencontrait ces deux ballots de chair braillards qui promettaient déjà : tétés en abondance, menstrues et soucis à l'envi. Boniface et Barnabé naquirent en ces temps de pléthore familiale. Elles eurent douze frères de sang et cinq demi-frères, fruits amers de dérives paternelles. Petite enfance accrochée aux mamelles et jupes de Manman-Lucie. Puis l'école des filles pour ramasser les bagages intellectuels, déchiffrer les hiéroglyphes de la sainte langue française et recevoir les coups de baguette sur les doigts tendus et réunis comme pour une cueillette fatale ; le catéchisme du jeudi ; grâce à Dieu, les vacances dans les mornes, les rivières et les champs de canne. Enfin, comme une fatalité, les tétés qui pointent et poussent inexorablement sous le regard mauvais de père Archibald. Et, misère ! les toiles à règles qui trempent dans les bassines d'eau savonneuse brunâtre, à l'ombre de l'amandier. Deux femmes sont déjà debout dans la case du papa...

Dix-sept ans... vingt ans... vingt-quatre ans... Les bals sont interdits et les jeunes coqs repoussés les uns après les autres, comme des chiens sans logis. Pourtant, les corps jumeaux réclament les caresses de l'âge. Les oreilles affamées espèrent les mots de miel qui font croire au ciel et donnent les grands frissons de l'existence. Les bouches se fanent, parce que le tourment d'amour passe au loin de leur appétit, les fait baver d'envie. Père Archibald, le scélérat, jure par tous les saints de plâtre alignés dans l'église de Notre Seigneur qu'aucune de ses bougresses n'ouvrira la porte à compère déshonneur. Il fait fuir les soupirants. Il guette, chaque mois, la couleur des toiles à règles. Il tient au collet les désirs naturels des jumelles contrites.

Allez ! allez ! donnez une solution... Que peut-on faire lorsque la marâtre malchance déchaîne sa charge malveillante ?

— Avaler, sans un cillement, comme une hostie bénite, les revers de l'existence... Accepter ce lourd destin de virginité absolue... Et vieillir avant l'heure, pareilles à des pommes coties !

— Et regarder, une lie jalouse au bord des yeux, les donzelles qui se promènent, après la toilette du soir, au bras de jeunes fringants.

— Et tâter, chaque soir, avec appréhension, le petit bout de chair inutile qui ouvre la porte au péché...

Les jumelles tournent en rond dans la case. Enfin, un jour... Miracle ! Père Archibald reçoit la visite d'un messager. Il doit partir. Vite ! vite ! sans tarder. Conseils et mises en garde pleuvent. Les frères prendront la relève, veilleront sur les femmes. Un balluchon de hardes sur l'épaule, père Archibald est sur la route. Il se retourne une dernière fois. Il lève un bras. Est-ce un adieu ou une menace ? La mère pleure. Les jumelles pleurent aussi, pour le voisinage. Mais en dedans, elles rient comme des diablesses en sabots authentiques qu'un malheureux vient d'embarquer dans son auto.

Les frères vont et viennent, entrent et sortent de la case, tournent et virent, les yeux loin des sœurs. Ils sont accaparés par les travaux des champs, la chasse, la pêche et les soins aux animaux domestiques. Alors, les nègres d'alentour, voraces comme des mangoustes guettant un poulailler, trouvent belle l'aubaine. Les deux grandes vierges mangent goulûment la soupe des compliments et, toutes dents dehors, se jettent sans peur dans le trémail des illusions. Les orchidées jalousement serrées par père Archibald sont sauvagement coupées. De la douleur naît le plaisir des chairs mêlées. Et la nuit les surprend, quittant leur couche molle, pour se vautrer dans un lit d'herbe baignée de rosée avec quelque bougre dont la figure importe peu... Et les jours de lessive les trouvent, à la rivière, malmenées par des nègres à sève trop fertile... La mère ne voit rien. Les frères vont et viennent, sans veiller les gestes des filles. Quand père Archibald est de retour, la danse folle s'arrête, *blip* ! La vie reprend son train, dolent. Mais le temps des écarts a volé le flux mensuel... Ainsi, les filles perdues se jettent des regards de bœufs condamnés devant le portail de l'abattoir. La mère comprend, trop tard. Elle leur prépare un thé réputé pour faire couler les œufs des femmes. Toutes espèrent le retour des menstrues qui lavent le péché. Elles font des neuvaines et n'osent dire les mots qui bourdonnent dans les cabèches tourmentées. Hélas ! les fruits sont accrochés... Alors, on verse un sang de poule dans les bassines d'eau savonneuse où dorment les toiles à règles sans tache, pour tromper les soupçons et égarer père Archibald qui commence à humer le vent du complot qui erre à l'entour de sa personne. Il scrute, écoute et inspecte. Mais chacun, sous son toit, mime les gestes tranquilles du quotidien. Chacun se tait, mâchonnant des pensées de déveine et de fatalité. Les fronts se font lisses. Le temps court à présent, pressé. Les ventres enflés sont amarrés serrés. Pourtant, le poids du destin pèse chaque jour un peu plus.

Que faire ? Prendre la fuite ! S'exiler loin de cet avenir de mépris, haine et déshonneur ! Aller sur les grands chemins avant d'être chassées par le père outragé !... Oui, peut-être bien que c'est la solution, unique... Et c'est ainsi, ventres à l'étroit dans leurs robes de fausses vierges, un maigre ballot de linge sur le dos, pour ne pas éveiller l'intérêt des voisins, qu'elles laissèrent la campagne de leur naissance. Elles traversèrent toute la Grande-Terre, marchant kilomètre après kilomètre, sans échanger la moindre parole, sans même une plainte, sans un cri... À quoi bon ! Les pensées sont là, dans la tête, comme au marché. Les pensées babillent, soupèsent et se gourment. La honte voile les yeux. Il faut aller très loin de père Archibald qui les avait mises en garde contre le tourment d'amour, ne plus jamais rencontrer son

regard. C'est pourquoi elles montent et descendent
des mornes inconnus. Elles marchent le jour et la
nuit, sous le soleil et sous la lune pleine, comme elles
deux. Elles passent des rivières, encore et encore.
Elles enjambent les champs de canne qui pointent au
ciel leurs fleurs pareilles à mille flèches de guerre.

Enfin, elles arrivent dans un pays sans mémoire.
Elles sont embauchées comme servantes. Elles ne
révèlent pas leur état. Elles disent qu'elles sont
orphelines. Le temps court. Voilà qu'elles
accouchent, le même jour, à deux heures d'espace.
Myrtha et Mirna cherchent le lait de la vie. Presque
jumelles aussi, semblables en tout point. Les deux
sœurs logent dans une case oubliée de Dieu. Les
petites tètent depuis un mois quand la fièvre tombe
sur l'une d'elles qui trépasse dans une crise. Est-ce
Mirna ? Est-ce Myrtha ?

— C'est la Myrtha ! crie la jeune Barnabé.

— Non ! je l'ai reconnue, c'est la Mirna ! jure
Boniface.

— Voilà ton enfant ! Couchée dans ce cercueil de
bois blanc..., affirme la jumelle Barnabé.

— Non, tu te trompes ! La mienne est là, en santé,
dans son berceau ! déclare Boniface.

Alors, on tire au sort. Et le sort aveugle décide que
Mirna est celle qui prendra le chemin du ciel. Mirna
est morte. Fatalité. Barnabé n'a plus d'enfant à chérir
pour oublier les fautes passées et s'accrocher au cerf-
volant de l'espoir. Les deux sœurs pleurent et
s'enlacent. Les jours reprennent leur cadence. Mais,
loin des oreilles de sa jumelle, Barnabé appelle la
survivante par ce prénom qu'elle a donné à sa petite :

— Mirna ! Mirna, ma belle ! Mon adorée... Mirna, ma source !

L'enfant a deux mères jalouses rongées par le fiel et l'amertume. Mais, un jour, arrive un grand nègre Congo. On le nomme Mérinés. Il veut mettre Boniface en case. Il accepte la fillette. Il sera un bon père. Il le promet devant Dieu. Myrtha va sur ses deux ans. Donc, par un grand dimanche d'hivernage, Boniface s'en va au bras de ce couillon, pauvre comme Job, qui n'a rien à offrir à une femme hormis le partage de sa misérable pitance, et son gros amour inutile. Mirna s'en va aussi. Les sœurs s'embrassent. Elles se reverront. Chaque dimanche. Quoi ! la Guadeloupe n'est pas si grande ! Elles rient. Ha ! Ha ! Ha !

Tout à coup, la vieille Barnabé se tait. Elle fixe les nuages noirs qui enveloppent doucement le soleil. Puis elle ajoute, dans un murmure :

— Elle avait dix-sept ans lorsque je l'ai revue, ma Mirna... Pendant toutes ces années, Boniface me l'a cachée...

Mais je vois, à vos yeux, que vous voulez savoir le pourquoi des confidences de la vieille Man Barnabé. Vous ne mettrez pas mes paroles en doute car je n'ai plus l'âge d'inventer des fables... Eh ben, ce jour-là, oui, la pauvre créature a retrouvé en ma personne le portrait sans retouche de sa fille unique, lorsque les dix-sept années de son existence portaient au zénith sa beauté à nulle autre pareille...

J'avais dix-sept ans, moi aussi, en ce jour de grande révélation.

HECTOR POULLET

Mon oncle Rigobert « le tafiateur »
ou
la Mare au Punch

> Mari an-mwen ka bwè wonm
>   kon lakansyèl
> Lè i ka pisé, i ka pisé
>   wonm koloré !
> Lè i ka woté, i ka woté
> « l'esprit de vin »
> Lajan i ni sé pou i nouri
> fanm a douz tété ! ! !

C'est tante Mélanie qui chante souvent ces paroles. C'est de l'oncle Rigobert qu'elle parle, bien sûr. Il faut vous dire que mon oncle est tafiateur, non pas aviateur, tafiateur, un vrai tafiateur, ce qui ne l'empêche pas quelquefois de faire un vol plané dans les fossés. À la distillerie du Clairin, c'est lui qui est chargé de goûter le rhum pour délivrer le bon de conformité. C'est un métier qui n'est pas facile, car il ne s'agit pas seulement de mesurer le degré d'alcool du tafia, il faut aussi la saveur du vesou, la chaleur du soleil qui a chauffé les champs de canne et qui vous monte au visage en une seule bouffée, aussitôt avalé d'un trait le verre de rhum, avant de vous chauffer le

ventre, puis de couler tout chaud dans vos veines
pour vous faire suer comme « bourreau qui revient
de confesse ». Il faut savoir aussi découvrir dans ce
même verre de rhum la volupté de l'eau de guildive,
eau de source claire et fraîche jaillie des flancs de la
Soufrière, qui fait que notre « eau de Bologne », non
pas eau de Cologne, de Bologne, n'est pas un rhum
ordinaire.

Il n'est pas rare que mon oncle Rigobert rentre du
travail un peu brinzing, plus à Rome qu'à Paris. Mais
il y a brinzing et brinzing. Moi, j'aime les soirs de
pleine lune quand il a sa démarche chaloupée et
souple, qu'il fait ses yeux de velours et qu'il me dit :
« Sultana ma fille, assieds-toi là que tonton te raconte
les histoires de la Lune saoule. »

— De la Lune saoule, tonton ?

— Oui ma fille, de la Lune saoule !

Il paraît qu'il y a de cela un peu plus de cent ans,
un jour d'avril 1848, les nègres de l'habitation décidèrent de fêter à leur manière la fin de l'esclavage
qui durait depuis trois siècles. Pour cela, ils avaient
versé tout le rhum et tout le sucre de la distillerie
dans une mare toute proche, pour faire un énorme
punch, connue sous le nom de « la Mare au Punch ».

— C'est depuis ce jour que la Lune a pris l'habitude de téter le rhum.

— Comment cela, tonton ?

— Écoute, père Nono, le père de mon grand-père,
était là ce jour-là. Il dit que ce fut un fameux jour, ou
plutôt une fameuse nuit. Tout d'abord il y eut ce
vieux nègre Congo surnommé Kankangnan qui,
s'emparant de son ka, donna le signal. Une bande de

jeunes nègres créoles l'accompagnèrent de leur boula, de leur siyak, de leur brakyé, et ce fut le début d'un déferlement de rythmes. La corne à lambi se mit de la partie et de tous les mornes voisins arrivèrent les *mawons*. Ce sont eux qui eurent l'idée d'aller chercher le curé au presbytère et les bonnes sœurs au dispensaire et de les faire danser. Il paraît que ce fut un spectacle délirant ; au début ces dames se firent un peu prier, peut-être même un peu bousculer, pour effectuer de petits pas coincés de menuet, un petit pas à droite, un petit pas à gauche, mais au fur et à mesure que le tambour leur remuait les entrailles, on les vit se déhancher de plus en plus, d'autant plus que les négresses se mirent de la partie et les encourageaient de coups de reins provocateurs :

Ti-dansé fanm kyenbé tété
Gran-dansé fanm lagyé tété.

« Pendant un temps les "ma sœur" retinrent des deux mains leurs seins qui tressautaient, mais le rythme fut bientôt tellement endiablé que la plupart lâchèrent les tétés qui ballottèrent à toute volée, et ce fut une vraie bacchanale. Certaines, prises de crise de possession ou d'hystérie, s'arrachèrent leurs robes !

« C'est depuis, semble-t-il, qu'on chante cette chanson :

Moun Marigalant modi
Yo koupé tété a lésè
E yo fè labé dansé !

Vous y comprenez quelque chose, vous ? Pourquoi leur avoir coupé les seins à ces bonnes sœurs qui finalement étaient si coopérantes ? À vrai dire ils ne les leur coupèrent point, mais nos religieuses, pour continuer à se défouler, se bandèrent les nénés. Les bourgeois de Grand-Bourg, des mulâtres libres de Basse-Terre réfugiés ici, vinrent sur le matin et, ne comprenant rien à la scène, s'imaginèrent qu'il s'agissait d'atrocités et le bruit court encore...

— Mais tonton, et la Lune ?

— Quoi la Lune ?

— Mais pourquoi dis-tu que ce sont des histoires de la Lune saoule ?

— Ah oui, eh bien voilà ce que dit le père Nono, qui était le père de mon grand-père et qui était là ce jour-là :

« "La Lune s'est levée vers les onze heures sur un spectacle de folie, elle avait la couleur miel des soirs d'avril. Elle était aux premières loges. Vers quatre heures du matin, quand les tambours devinrent lourds, épais comme du sirop de batterie, que la rosée du matin commença à perler sur l'herbe de la savane, que les ortolans sortirent leur tête de sous leur aile pour répondre au pipirit, le vent à son tour se leva. Ce fut d'abord une petite brise à ras du sol qui fit seulement frissonner l'*herbe para* au bord de la mare, puis s'enhardissant il grimpa le long des cocotiers, tourbillonna au-dessus de l'eau et finit par un *pichotte,* une trombe qui siphonna littéralement tout le punch de la mare en direction de la Lune.

« "Nous n'étions plus qu'une dizaine à être encore

éveillés, tous les autres dormaient sur la savane. Je
me suis assis les yeux hagards, c'était un spectacle
hallucinant. Je me suis endormi d'un étrange sommeil, j'ai dormi jusqu'à ce que le soleil me brûle le
nombril, et pendant tout ce temps la Lune m'a parlé,
la Lune m'a raconté..." »

SYLVIANE TELCHID

Mondésir
version française

Titine aurait-elle pu s'imaginer qu'un jour tant de bouleversements surviendraient dans sa vie ? Elle qui pensait que cette vie n'était qu'un sillon tout droit qui ne regardait ni devant ni derrière. Elle qui croyait que sitôt sa nubilité atteinte, sa deuxième existence commencerait sur la grande habitation ; là où sa sueur coulerait du petit matin jusqu'au finissement du jour ; là où la sueur de ses parents et de ses arrière-parents n'avait pas arrêté de se répandre du lever au coucher du soleil.

Elle, enfin, qui était sûre et certaine qu'elle épouserait Ptit Georges.

Ptit Georges et Titine, c'était le doigt, et la main qui porte le doigt : leurs deux familles étaient voisines ; ils étaient nés le même jour, ils allaient à la promenade aux mêmes heures avec leurs mères respectives.

Ptit Georges partageait tous les jeux de Titine ; Titine participait aux jeux de garçon de Ptit Georges.

Ce dernier avait un frère appelé Mondésir, plus jeune que lui d'une année.

Autant l'aîné était vif et ne se lassait de monter-
descendre à travers toute la section, autant l'autre
restait des heures et des heures assis en compagnie
d'un de leurs vieux voisins, le père Jeanon. Ils étaient
toujours à examiner des feuilles de papier remplies
de signes et de dessins. Mais ni Titine ni Ptit Georges
ne s'étaient jamais inquiétés de ce que cela pouvait
être : cela ne les intéressait en aucune façon.

Les années succédèrent aux années ; le père Jeanon mourut.

Les trois jeunes gens travaillaient sur la même
habitation que leurs parents. Titine et Ptit Georges se
révélèrent tout de suite d'excellents travailleurs ; en
six-quatre-deux, Ptit Georges vous avait coupé tout
un champ de canne ; avec la même célérité, Titine
les attachait par paquets.

Lui avait toujours la blague aux lèvres, il était de
toutes les bordées, de toutes les veillées mortuaires.
Aussi était-il aimé de tous.

Et si, quelquefois, il se trouvait en compagnie de
son frère, c'était toujours à lui qu'allaient les saluta-
tions, les mots gentils, auxquels il répondait avec son
affabilité habituelle. Toute cette sympathie autour de
Ptit Georges suscitait la jalousie de Mondésir qui
n'en laissait jamais rien paraître mais qui déversait sa
rancœur sur des feuilles de papier qu'il remplissait
de signes et de dessins.

Titine et Ptit Georges avaient vingt ans quand ils
décidèrent de se marier.

Ce mariage, pour tous, était une évidence, mais
tant qu'il n'avait pas eu lieu, Mondésir gardait un
fugitif espoir. Parce que dans le fin fond de son

cœur, il avait un secret, il aimait Titine bien qu'il ne l'eût jamais avoué à qui que ce soit.

Et quand fut fixée la date des noces, plus que jamais, il se confia à ses feuilles de papier qu'il remplissait de signes et de dessins.

Deux jours avant le mariage, Titine et Ptit Georges allèrent à la pêche aux écrevisses, à la rivière. Titine eut envie de s'étendre dans l'herbe. Elle dit à Ptit Georges :

« Je vais faire un petit coucher sous le pied-mango là-bas, tu m'appelleras pour le retour. »

Quand vint l'heure de dévirer à la maison, Ptit Georges, s'approchant de l'arbre, cria : « Hé, Titine ! »

Il n'entendit pas de réponse.

Il chercha Titine mais ne la trouva pas dans les environs. Il se dit qu'elle était sans doute rentrée. Il se rendit dans la case de la mère de Titine. Personne n'avait vu la jeune fille. Ils explorèrent tout partout : les autres cases, les halliers, les bois, les coulées ; les rivières même furent fouillées. Titine demeurait introuvable. On la chercha le jour, on la chercha la nuit. Disparaître l'avait prise.

Ptit Georges avait l'impression que sa tête pétait :

Où Titine avait-elle mis son corps ?

Elle semblait avoir disparu pour de bon.

Ptit Georges avait perdu le goût de vivre, il n'allait même plus rouler dans les pièces de canne. Il passait des journées entières à espérer Titine, à aller-venir d'une habitation à l'autre, d'un fond à l'autre, hélant le nom de Titine, l'adjurant de revenir. Souvent, il restait des heures et des heures devant la rivière où ils s'étaient rendus le jour même de sa disparition ; de temps en temps, d'une voix sanglotante, il murmurait : « Titine. » Seuls le roulement de l'eau sur les roches-galettes et le piaillement des oiseaux lui répondaient.

Ses parents, craignant que sa tête ne parte, l'exhortaient à revenir à la case, il ne voulait entendre ni « ho » ni « là ».

Un soir qu'il était assis sur la berge, il vit sortir de l'eau une lumière éblouissante. Il se mit debout. Elle avançait vers lui. Il eut si peur qu'il en demeura comme paralysé. Il était incapable d'identifier cette lumière. Quand elle fut presque à le toucher, il entendit une voix qui lui disait : « Je sais que tu cherches Titine, mais je l'ai charroyée au fond de la rivière. »

Au nom de Titine, Ptit Georges sursauta. Il demanda : « Qui tu es ? Qu'est-ce que tu as fait avec Titine ? Est-ce qu'elle est vivante ? » Les questions se bousculaient sur ses lèvres. La voix lui répondit :

« Je suis Manman-Dlo. Titine vit à mes côtés au fond de la rivière, à la prochaine lune, elle sera mofrazée en Manman-Dlo. Si je l'ai entraînée avec moi, c'est parce qu'elle ressemble à une de mes filles à lui en couper le cou ; une fille que j'ai perdue à tout jamais car elle a profité, un jour que j'étais dans les grandes eaux, pour s'enfuir avec un humain. »

Dans le cœur de Ptit Georges c'était une seule débandade ; mais de tout ce qu'avait dit Manman-Dlo une seule chose importait : Titine n'était pas morte. Titine était vivante.

Il dit à Manman-Dlo : « Titine et moi nous nous

aimons depuis que le temps est temps ; nous devions nous marier. Rends-moi ma Titine, je t'en prie s'il te plaît, rends-la-moi. »

Pas une parole de plus ne sortit de la bouche de Manman-Dlo. En un battement d'yeux, elle s'engouffra au fond de l'eau. Plus que jamais, Ptit Georges décida alors de rester sur la rive, de jour comme de nuit, refusant le sommeil.

Il y avait déjà plus de trois mois qu'il était là, prenant la pluie, le vent, le serein et le soleil, trois mois qu'il effrayait les petites bêtes des bois, lorsqu'un soir la lumière de nouveau apparut. Son cœur chavira d'émotion. Avant même qu'il eût ouvert la bouche, Manman-Dlo lui expliqua : « Si tu veux revoir ta Titine, il faut qu'un homme écrive le nom des douze enfants de la mère de ta fianceuse en ma présence, cet homme-là, Titine devra l'épouser et ça elle devra me le sermenter. Quand cet homme sera prêt, il m'appellera et c'est la Radio-bois-patate qui m'apportera la nouvelle. » Et Manman-Dlo plongea une fois de plus.

Cependant Ptit Georges avait l'impression qu'il devenait toque-toque. « Écrire ? Mais qu'est-ce que cela signifie ? » C'était la première fois qu'il entendait une telle parole. Mais ce qui le chouboulait par-dessus tout, c'était ces propos de Manman-Dlo concernant un homme qui pourrait épouser Titine.

Titine ! Sa Titine à lui ! Jamais au grand jamais un autre ne l'épousera ! Ça, tu ne verrais jamais ça.

Écrire, il apprendrait ce que c'est, il apprendrait à écrire.

C'est à ce moment qu'il décida de revenir à la case familiale.

Le lendemain, il commença à poser des questions aux uns et aux autres : parents, voisins, travailleurs de l'habitation. Une seule fois, il lui fut répondu qu'écrire, c'était faire des petits cercles et des petits bâtons ; mais la personne même qui lui donna ces explications avoua son incapacité de le faire.

La nouvelle déboula d'une habitation à l'autre, mais tous reconnurent avec regret qu'il leur était impossible de venir en aide à Ptit Georges.

Cependant, Mondésir, le frère de Ptit Georges, était comme tous, informé des problèmes de ce dernier. Il pensa : « J'ai enfin trouvé l'occasion de supplanter Ptit Georges. Je te remercie du fond du cœur, père Jeanon, tu me donnes aujourd'hui la possibilité d'épouser celle que j'ai toujours aimée. »

Il attendit la nuit et se rendit devant la rivière. Aussitôt qu'il eut appelé Manman-Dlo, tous les poissons transmirent le message à la maîtresse des eaux qui ne tarda pas à remonter à la surface. La lumière aveuglante effraya Mondésir, mais ne le fit pas reculer, tellement était fort son désir d'épouser Titine.

Il déclara à Manman-Dlo : « Je suis le seul à savoir écrire le nom des douze enfants de la mère de Titine. » Et il prit une petite planche qu'il avait apportée, il ôta de sa poche un morceau de charbon de bois et écrivit les douze noms en présence de Manman-Dlo.

Celle-ci s'écria : « Une parole, c'est une parole » ; elle alla chercher Titine et, la laissant sur la berge, se glissa à travers les flots.

Titine, plus radieuse que jamais, sauta au cou de

Mondésir en le questionnant : « Où est Ptit Georges ? Alors il t'a envoyé ? Pourquoi il n'est pas venu lui-même ? » Un flot de paroles lui sortaient de la bouche.

Mondésir lui expliqua : « Ptit Georges ne m'a pas envoyé ; j'ai été le seul à savoir écrire les douze noms et c'est moi que tu épouseras. Ça, tu l'as juré à Manman-Dlo. »

Titine crut avoir mal entendu : « T'épouser ? Mais tu sais que Ptit Georges et moi nous sommes liés l'un à l'autre pour la vie. Si tu savais écrire, pourquoi tu ne lui as pas appris à le faire ? Jamais, tu m'entends, jamais je ne me marierai avec toi. Je préférerais retourner au fond de la rivière. D'ailleurs, je vais rejoindre Ptit Georges. »

Mais quand elle essaya d'avancer, elle resta totalement immobilisée, comme statufiée. Manman-Dlo réapparut et lui dit avec fermeté : « Ce sera Mondésir ou moi, tu as juré ! Souviens-t'en ! »

Titine rétorqua : « J'aime encore mieux aller vivre auprès de toi. »

Sans perdre une seconde, Manman-Dlo la tira par le bras et toutes deux, elles s'élancèrent dans l'eau qui les engloutit à jamais.

Depuis ce jour-là, pendant des années et des années, les gens virent Ptit Georges courant fou de case en case et murmurant : « Titine, Titine. »

Cependant que son frère Mondésir, ayant définitivement élu domicile devant la rivière, répétait inlassablement : « Je sais écrire, je sais écrire, je sais écrire, je... »

SYLVIANE TELCHID

Mondézi
version créole

Si yo té di Titin on jou tousa biten té ké rivé-y an vi a-y, i pa té ké jen kwè sa. Pas, dépi i té toupiti, pou-y vi a-y té ja tou trasé : i té ké travay asi bitasyon dépi i té ké pran on ti laj é plita, i té ké mayé épi Tijòj.

Tijòj ! tout touné é viré Titin té pé fè andidan lèspri a-y, i pa té ka vwè-y onsèl moman san Tijòj.

Fanmi a-yo té vwazen yo fèt menm jou-la, manman-yo toulédé té toujou kay ponmlé èvè yo ansanm-ansanm.

Lè yo komansé vin gran, yonn pa té ka fè on pa san lòt. Tijòj té ka jwé épi Titin tout jé a tifi : pichin, marèl, cho, soté kòd. Titin té ka jwé épi Tijòj tout jé à tigason. Pa té ni on rivyè yo pa té janbé ; yo té ka péché an lanmè, an rivyè, adan mang. Titin té sa golé fouyapen é pa té gè ni tibway té ka gangné-y adan jé à nwa.

Tijòj té ni on frè, Mondézi. Mondézi té ni on lanné an mwens ki Tijòj.

Otan Tijòj té toujou ka ba tout bitasyon-la chenn, otan Mondézi té toujou owa on vwazen yo té ni, Pè Janon. Mondézi té ka rété lè é lè sizé ka palé épi

Pè Janon ; yo toujou té ka gadé onlo fèy papyé ki té ni pòtré é onlo ti sign nwè anlè-yo. Ka sa té yé ? Ni Tijòj, ni Titin pa jen chèché savé. Onsèl biten yo té ka vwè, fo té rété sizé pou gadé sé fèy papyé-lasa, é sizé, yo pa té konnèt sa, sa pa té kay épi san a-yo menm, menm, menm...

Lanné é lanné pasé. Pè Janon mò. Mondézi, Titin et Tijòj té ka travay si menm bitasyon ki fanmi a-yo. Pa té ni kon Titin et Tijòj pou woulé adan pyès-kann.

Tijòj té fò koupè, Titin té bon marèz ; sé manjé yo té ka manjé travay.

Anplisdisa, pa té ni ponmoun ka bay lablag kon Tijòj, i té an tout fèt, adan tout véyé. Toutmoun té enmé-y, i té moun a toutmoun. Lékèfwa, i té èvè Mondézi, mé sé li tousèl moun té ka vwè ; ou té ka tann : « Ka ou fè Tijòj ? » « Kò-la bon Tijòj ? » É Tijòj toujou té ka ni on bèl pawòl i té ka réponn. Tousa té ka fè Mondézi té on jan jalou frè a-y, mé i pa té ka di ayen. Ou té ka vwè-y ka rantré, ka sizé dèyè sè fèy a ti sign nwè a-y la.

Lè Titin é Tijòj désidé mayé, yo té ni pa asi ven lanné. Mondézi té toujou sav mayé-lasa té pou fèt, mé toultan i pa té fèt i té ni on èspwa. Padavwa Mondézi té ni on sèkré an fenfon a kyè a-y, i té malad a Titin ; mé i pa jen di hak si sa.

Dayè pou yonn ka i té pé di ? Titin té ka vwè yenki Tijòj, Tijòj pa té ka vwè dòt ki Titin. Lè Mondézi tann palé dè mayé, i konprann tout patat a-y té pèd kòd ; andidan a kyè a-y té ka pléré gwodlo. Mé i pa jen lésé ayen parèt. I té ka fouré tèt a-y pli fon ankò asi sé fèy papyé a ti sign nwè-la.

Dé jou avan mayé a-yo, Titin é Tijòj ay an rivyè

péché kribich. Titin touvé-y anvi lonji kò a-y on moman, i di Tijòj konsa :

« An kay fè on ti pozé anba pyé mango-la, lè ou paré pou déviré, kriyé-mwen. »

É Tijòj ay tibwen pli ho, ka kontinyé péché kribich a-y.

Lè lè a pati rivé, i ay owa pyé mango-la. Titin pa té la. I kriyé : « Titin, O Titin O ! » Ponmoun pa réponn. I chèché pli lwen, ayen menm. I di an kyè a-y « Titin mèyè déviré aka manman-y ? ». Mé i tiré lidé-lasa vit an tèt a-y, davwa i té sav Titin pa té ké jen fè sa san vèti-y.

Kanmenmsa, i déboulé mòn-la an katriyèm vitès, ay owa fanmi a Titin. Yo di-y yo pa té vwè Titin. Yo fè tout kaz a bitasyon-la, yo rété nèy. Ki manman, ki papa, ki frè, ki sè, ki Tijòj, ki vwazinaj, toutmoun-la té ozabwa ka chèché Titin toupatou : an razyé, an pyèbwa, an koulé, détwa jis plonjé adan rivyè-la pou vwè si i pa té néyé.

Yo rété jou é jou ka chèché.

Tijòj té ka santi i ka vin tòktòk. I pa té ka konprann ayen. Ka i té rivé Titin ? Jou dèyè jou pasé. Titin pò'ò té jen viré. Disparèt té ka sanm sa i té pran-y poubon.

Tijòj pa té kay menm travay ankò. Lannuit kon granjou i té ka bat tout bwa, ka hélé, ka kriyé non a Titin. Délè, i té ka rété lè é lè douvan rivyè-la, la i té pèd Titin la. Tanzantan i té ka hélé « Titin, O Titin O ! ».

Sé yenki tren a dlo-la oben chanté a ti zozyo té ka réponn-li.

Délè i té ka pléré, dòtlè i té ka fésé kò a-y atè, déparfwa ou té ka vwè-y ka rété lontan kouché an zèb-la, pa'a gouyé, pa'a palé. Fanmi a-y té konmansé enkyèt ba-y pas yo té ka vwè i té an bon chimen pou pèd tèt a-y. Yo té ka di-y konsa : « Pa okipé-w Titin ké déviré, annou ay lakaz. » Mè i pa té ka tòk pon lang. I té ka rété bò rivyè-la ka atann viré à Titin.

On jouswa, toupannan i té sizé douvan rivyè-la, dlo ka koulé an zyé a-y konsa, i anni vwè on gran limyè ka sòti an dlo-la. I doubout fap ! Limyè-la mété-y ka vansé si-y. Lapè i té yé, i pa fè on pli. Limyè-la té ka vèglè-y tèlman i té blan. Tijòj pa té ka rivé vwè ka sa té yé. Lè limyè-la rivé près a touché-y, i tann on vwa ka di-y konsa : « An sav ou ka chèché Titin, mé an chayé-y an fon a rivyè-la épi-mwen. »

Tann Tijòj tann non a Titin, i soté. I mandé : « Kimoun ou yé ? Pouki ou chayé Titin an fon a rivyè-la ? Ès i vivan toujou ? »

Vwa-la réponn-li : « An sé Manman-dlo, Titin ka viv épi mwen an fon a dlo-la, adan pwochen gwo lalin i ké vin on Manman-dlo osi. Si an chayé-y èvè mwen sé pas i ka sanm on fi an-mwen, koupé tèt. Fi an-mwen-lasa pwofité on jou an té an gran lanmè pou chapé épi on nonm i té enmé. »

Kyè a Tijòj té ka bat anrajé ; i té tann onsèl biten « Titin vivan », « Titin pa mò. » I di Manman-dlo konsa : « Mwen é Titin nou enmé-nou dépi nou tou-piti timoun ; nou té pou mayé. Rann-mwen Titin, rann-mwen Titin an-mwen tanprisouplé ; ajounou an ka mandé-w li. »

Manman-dlo pa réponn. Tan pou Tijòj té gadé, i té ja pran anba dlo ba-y.

Mé Tijòj pa pèd èspwa. Dépi moman-lasa, i té ka rété si bò a rivyè-la lannuit kon granjou, san janmé fèmé zyé a-y.

Té ja ni plis ki twa mwa maléré-la té ka pran siren, lapli, solèy, ka fè tout tibèt pè an bwa-la. Lèwgadé, on jouswa, limyè-la anni wouparèt, fap ! Tijòj santi onsèl chouboulman an tout vant a-y, an tout kyè a-y, an tout tèt a-y. I météé-y doubout.

Manman-dlo pa ba-y tan wouvè bouch a-y. I di Tijòj konsa : « Si ou vlé an voyé Titin monté, fo on nonm maké non a douz timoun a manman Titin douvan-mwen, é nonm-lasa fo Titin sémanté i ké mayé épi-y. Lè misyé-lasa ké paré, i ké nikit a vin kriyé-mwen ; pwason ké mèt radyo bwa-patat anrout é konsa an ké okouran. » Èvè Manman-dlo wouplonjé.

Mé lèspri a Tijòj té ka travay atout. Maké ! mé ka sa vé di ? Prémyé fwa i té ka tann pawòl-lasa ! Mé sa i té ka tèrbolizé sévèl a-y piplis, sé davwa Manman-dlo té di, nonm-la ki sa maké sé douz non-la ké mayé é Titin. Titin ou ! Titin a-y ! Awa ! Pon dòt moun ki li Tijòj pé ké mari a Titin. Lidé a-y fè onsèl so an tèt a-y : « An ké sav ka sa vé di "MAKÉ" é an ké aprann maké non a douz timoun a manman Titin. Latè rachra mé an ké fè-y. »

I rantré aka manman-y, i pwòpté tout kò a-y byen, i ay dòmi. Lè landèmen opipirit chantan, i té an chimen ka mandé toutmoun si bitasyon-la ka sa vé di « MAKÉ ».

Onsèl moun rivé réponn-li, i sav sé fè ti won épi ti baton, mé limenm pa té sav kijan sa ka fèt. Lavwa bay si tout sé lézot bitasyon-la, mé ponmoun pa té pé fè hak pou Tijòj. Mé Mondézi, frè a Tijòj, té okouran kon toutmoun, i pa di ayen. Tiboug-lasa, tout biten a-y, sé andidan a kyé a-y i té ka pasé. I té ka di pou limenm « Jòdijou, Tijòj arèsté fè kòk a bèl pòz ! sé Tijòj si, Tijòj sa, Tijòj kotésit, Tijòj pa la.

Mwen an sé on ti kaka chyen. Mandé Titin menm si an ka viv. Mèsi Pè Janon, mèsi !

A pa Bondyé i fè ou té aprann-mwen li é maké !

Jòdila, an kay fè yo vwè, sé èvè mwen Titin kay mayé, si i vé pa rété an fon a dlo-la tout vi a-y, si i pa vé mofwazé an Manman-dlo. »

An gwo lannuit, i désann bò rivyè-la. Radyo bwa patat dlo ay ba Manman-dlo fré-la.

An sis-kat-dé, Manman-dlo té ja la. I mandé boug-la : « Ka ou vlé timonfi ? »

Mondézi touvé-y pè : i pa té ka vwè figi a Manman-dlo, é limyè blan-la té ka vèglè zyé a-y. On moman, i touvé-y anvi pran kouri, mé lanmou-la té two fò an kyè a-y, on lanmou ki té ka mi dépi tann é tann lanné, a pa alè zafè a-y té kay pé maché i té kay kyouyé tout krab-la an bari-la ! Mondézi wouprann san a-y, i mété men a-y si zyé a-y, avè i di Manman-dlo konsa : « Sé mwen ki konnèt maké non a douz timoun a manman Titin. » É Mondézi pran on mòso planch i té pòté i rédi mòso chabon an pòch a-y é i maké non a sé douz timoun-la. Lè Manman-dlo vwè sa i di : « On pawòl sé on pawòl. » I plonjé an rivyè-la é on ti moman aprè i té ka déviré épi Titin. I lagé-y si bò a rivyè-la.

Titin pa té chanjé, i té toujou bèl bèl a-y, é Mondézi té ka santi kyè a-y ka toumvasé. Titin soté an kou a-y, i mandé Mondézi : « O Tijòj ? Pouki sé-w i voyé chèché mwen ? » Mondézi réponn : « A pa Tijòj ki voyé-mwen chèché-w, sé mwen ki té sa maké non a douz timoun a manman-w, sé èvè mwen pou ou mayé ; ou sèmanté sa ba Manman-dlo. »

Titin konprann i té mal tann : « Èvè vou pou

mayé ? Mé ou sav byen mwen é Tijòj nou enmé.
Pouki ou pa aprann-li maké si ou té konnèt ? Awa, ou
pé ké jen vwè sa, an pé ké jen mayé épi-w ; sé Tijòj
oben ponmoun. An vométan wouplonjé an rivyè-la
plito.

Dayè pou yonn, an kay jwenn Tijòj. »

Mé, lè i éséyé fè onsèl pa, i santi i pé pa déplasé.
Manman-dlo wouparèt, i di-y konsa : « Sé ké Mondézi
oben mwen, chonjé, ou sèmanté ! »

Titin réponn : « Simétan an viré an dlo-la. »

Manman-dlo pa pèd tan, i anni halé-y pa bra é yo
toulédé, yo viré an fon a rivyè-la. Pannan lanné é
lanné, moun té ka jwenn Tijòj ka kouri fou ka hélé
« Titin ! Titin ».

Pannansitan frè a-y Mondézi pa ka rété dòt koté ki
douvan rivyè-la ka di toulongalé « An sa maké, an sa
maké, an sa maké, an... ».

Décrire la *parole de nuit*

ÉDOUARD GLISSANT

Le chaos-monde, l'oral et l'écrit

Je partirais d'une poétique des positions actuelles de l'être-dans-le-monde, et la vision évidente en sera que l'être est chaotique dans un monde chaotique. La question qui se pose est celle-ci : ce chaos qui fissure l'être et qui divise le monde est-ce le chaos qui précède les apocalypses, les fins du monde, comme une certaine littérature le définit ? On peut le penser. Il existe toute une littérature de la catastrophe qui est assez importante dans le monde, aujourd'hui, quelles que soient les zones culturelles, et qui apparaît non seulement dans les expressions littéraires, mais aussi dans les expressions spirituelles. Les sectes religieuses de la fin du monde abondent, et on peut envisager le chaos de ce point de vue. Ma poétique est totalement à l'opposé. Ma poétique, c'est que rien n'est plus beau que le chaos — et il n'y a rien de plus beau que le chaos-monde. Bien sûr, cela demande à être expliqué et relativisé.

Pourquoi n'y a-t-il rien de plus beau que le chaos ? Pourquoi ce que j'appelle le *chaos-monde* est-il une représentation extraordinairement proliférante et bénéfique de la situation du monde actuel ? C'est parce que cette représentation casse d'abord une des prétentions, une des magnifiques prétentions des cultures occidentales, qui a donné tellement d'œuvres de grande beauté, mais qui n'en était pas moins une prétention : précisément, la prétention à l'être.

La prétention à l'être, qui définit des modèles transparents d'humanité et qui organise des échelles d'accession à l'humain, est liée à l'apparition du signe et en particulier du signe écrit.

Il y a eu en Occident, en même temps et parallèlement, une marche vers la transcendance de l'écriture par rapport aux oralités premières, et une aspiration à l'être.

Toute écriture, ou plutôt toute œuvre d'écriture, prend la succession d'une expression et d'une « vision » orales et tant que l'humanité ou plutôt les humanités ont été ancrées dans l'oralité, nombre de fonctions de l'être humain se sont maintenues. Par exemple, la fonction de la mémoire : il fallait, avant l'écriture, exercer sa mémoire, et on sait que les conteurs et les chanteurs grecs étaient capables d'apprendre par cœur quarante mille vers et de les réciter. Cet exercice de la mémoire, de la répétition — car la mémoire ne se fait pas sans répétitions, sans ressassement — disparaît au fur et à mesure que d'une part, l'écriture s'affirme, et que d'autre part, on abandonne cette espèce d'étendue, d'étalement des facultés de l'homme, qui le porte à « apprendre les choses », les réciter, les redire, les reprendre, et qu'on essaie de définir l'être, non pas par un étalement, un ressassement, ou une reprise, mais par une acuité, non seulement de la perception, mais aussi de l'expression. Et cette acuité passe par l'écriture C'est une des conquêtes de l'écriture.

Mais au passage de l'oralité à l'écriture, à ce moment des histoires des humanités où il fallait commencer à penser la chose écrite, on n'est pas allé tout droit vers cette visée pointue de l'écriture. On a commencé par entasser les grandes œuvres de l'oralité. Et c'est ce qui a donné, à mon avis, les livres fondateurs de l'humanité, qui sont les livres des commencements des peuples, tels que l'Ancien Testament, les livres homériques. Et partout, partout c'est la même chose. Le Popol-Vuh des Amérindiens a été écrit après la conquête, mais c'est le premier signe, la première manière d'apprendre l'écriture. La première manière d'apprendre l'écriture, c'est d'essayer de recomposer et de stabiliser les œuvres de l'oralité. Seulement très vite, l'écriture abandonne cela. Parce que très vite, on en vient à la prétention, à la magnifique prétention de l'être, de la définition de l'être. On abandonne l'étant, les étants, les existants. Pour moi, l'oralité, c'est le royaume de l'existant, de l'étant. Et l'écriture, c'est le domaine exclusif de l'être. L'existence s'étend, se répand et pousse en étendue, dans l'étendue. L'écriture se précise, se fond, s'affine et fulgure dans une pointe, dans une accélération vertigineuse qui prétend donner l'être.

Or, cette tendance a été exacerbée en Occident. Mais aujourd'hui, les œuvres de l'Occident rencontrent les œuvres des autres civilisations. Et les prestiges mêmes de l'écriture sont remis en cause, parce que nous abandonnons la croyance à l'être et que nous voulons — en tout cas, c'est ma poétique — considérer l'existant comme ce qu'il y a de moins limitatif, de plus inspirant pour toutes les cultures et toutes les civilisations du monde. Si les cultures et les civilisations du monde peuvent partager quelque chose, et elles partagent quelque chose, c'est d'abord la pensée de l'existant, opposée à la pensée de l'être.

La définition de l'être, je ne crois pas qu'elle ait atteint un degré tel de perfection, mais aussi d'intolérance et de sectarisme, ailleurs que dans les grandes civilisations, les grandes cultures de la pensée occidentale. Et là, je ne fais pas une déclaration de guerre, je ne suis pas contre cela, je dis que cela a été magnifique, mais que cela ne correspond plus à notre situation actuelle. Et, quand je pense le chaos-monde, quand j'essaie d'être dans une poétique du chaos-monde, ce n'est pas par anti-occidentalisme, c'est parce que les conditions actuelles de l'existence des cultures, de leur conflit et de leur mise en conflit et en harmonie dans le panorama mondial ont un lieu, un lieu fondamental, et que ce lieu c'est l'inspiration de l'existant, contre la transparence de l'être. L'oralité qui revient, c'est le signe même de cette poétique du chaos-monde.

Mais, bien sûr, on ne peut pas faire comme si l'écriture n'était pas passée par là, entre-temps. L'oralité d'aujourd'hui ne peut pas être l'oralité *ante-scriptum*, anté-écriture. L'oralité d'aujourd'hui intègre tout ce que l'écriture a si extraordinairement développé, mais parfois de manière si intolérante.

On peut se poser la question de savoir si les cultures occidentales, justement, ne sont pas en train de traverser une crise de l'écriture, si les techniques de l'audiovisuel ne sont pas en train de bouleverser, en Occident même, la prétention à l'être. Une dame me disait : « Je me demande où est passée l'énergie créatrice de l'Occident. Pourquoi font-ils semblant de faire de la littérature et de l'art, alors que pendant tant de siècles, ils ont été la source même de la littérature ? » Et elle me proposait elle-même la réponse : « Je crois que c'est parce que — et c'est une hypothèse que j'esquisse peut-être déjà dans *L'intention poétique* et *Le discours antillais* — l'Occident a compris que la littérature et l'art ne sont plus suffisants pour dominer, pour régenter le monde. Et finalement, l'Occident a déjà rejeté la pensée de la littérature et de l'art et cherche déjà ailleurs, dans les techniques de pointe, l'informatique, etc., ce qui doit vraiment lui permettre de continuer à dominer le monde. La littérature, c'est une habitude, un mécanisme, un réflexe acquis, l'art, un artefact. » Réfléchissant à cela, je me dis : mais peut-être que l'Occident a déjà compris aussi qu'il faut renoncer à la question de l'être et que c'est sa manière de s'adapter à la situation nouvelle dans le monde. En tout cas, cette dame disait : « Si l'Occident "fait" encore de la littérature et de l'art, c'est par réflexe acquis, ce n'est pas suite à une montée d'énergie créatrice. Ça, c'est terminé, on fait de la littérature par habitude. Mais l'Occident cherche autre chose, dans d'autres domaines. »

Même si ce n'est pas vrai — on peut dire que ce

n'est pas vrai —, j'ai trouvé cela très intéressant.
Peut-être parce que là encore, les pensées occidentales sont les seules généralisantes dans notre univers : ni la pensée chinoise ni la pensée indienne ni
les pensées amérindiennes ne sont généralisantes ;
les Chinois ont inventé des milliards de choses, mais
ils n'ont pas inventé l'idée générale de la science...
J'ai pensé que c'était peut-être parce que le génie
occidental a déjà compris que la perspective, la dialectique — pour employer un mot qui n'est plus à la
mode — de l'oralité et de l'écriture est aujourd'hui à
repenser, et que, au lieu de la réinventer en passant
par la refonte de l'écriture, il essaie de l'aborder par
l'invention d'autre chose.

Ce que je crois intéressant pour des littératures
comme les nôtres — les littératures des pays du Sud
et les littératures des pays antillais — c'est de placer
la dialectique de cette oralité et de cette écriture à
l'intérieur même de l'écriture. Pourquoi ? Parce que
nous n'avons pas encore libéré en nous l'écriture,
telle qu'on nous l'a enseignée, telle que l'Occident
nous l'a enseignée. Nous n'avons pas encore appris à
bouleverser nous-mêmes, à réformer, à faire trembler
comme par un tremblement de terre l'écriture. Et il
faut que nous en passions par là pour nous débarras-
ser d'un seul coup des exigences de l'écriture que
l'Occident a mis des siècles, et peut-être même des
millénaires, à régler.

C'est-à-dire qu'avant d'en arriver à une nouvelle
dialectique de l'oralité et de l'écriture, nous devons
premièrement récupérer notre oralité, la réfléchir,
ne pas nous contenter d'espèces de déclarations de

principe sur l'oral, réfléchir à ce que c'est que
l'économie de l'oralité, la valeur du ressassement, de
la redondance dans l'oralité, réfléchir à ce que c'est
que la posture du corps dans l'oralité, réfléchir, par
exemple, au fait que le conteur antillais ne dit jamais
« moi » : il dit presque toujours « mon corps » ; un
créole ne dit pas « j'ai mal au dos », mais « mon dos
me fait mal », ce qui n'est pas la même chose, parce
que dans « mon dos me fait mal », il y a la présence
du corps comme élément déterminant, tandis que
dans « j'ai mal au dos », il y a la présence du sujet
abstrait, de l'être abstrait comme élément détermi
nant. On peut multiplier les exemples. Donc, savoir
ce que c'est que l'oralité pour nous. Ne pas se
contenter de vagues pétitions de principe — j'ai une
certaine aversion pour les militants folkloriques de
l'oralité.

Savoir cela, mais en même temps faire subir à
l'écriture *notre* tremblement de terre, parce que c'est
par là qu'on va accomplir, en un instant, ce que
l'Occident a mis des millénaires à accomplir, et
qu'on va bénéficier de ce travail de l'Occident. C'est-
à-dire que tous les poètes maudits, tous les poètes
frappés de stupeur, de mélancolie et de malédiction
qui ont souffert en Occident, des romantiques allemands à Rimbaud, ou de Rimbaud aux romantiques
allemands, comme vous voulez, peu importe, qui ont
souffert le travail de l'écriture, qui ont refait l'écriture, qui lui ont fait subir les assauts de l'étant et de
l'existant..., nous devons reprendre tout cela de
notre point de vue et le faire d'un seul coup. C'est ce
que j'appelle notre irruption dans la modernité.

Et cette dialectique de l'oralité et de l'écriture,

non seulement elle est fondamentale pour nous, mais elle pose un défi, elle a un enjeu qui est que, probablement, les pays du Sud à l'heure actuelle n'ont pas les moyens, ni économiques ni techniques, d'aller vers des inventions de nouvelles postures, de nouvelles dialectiques de l'être et de l'étant, que l'Occident éventuellement explore déjà. Ce qui peut-être expliquerait, comme cette dame le disait, que l'Occident fait de l'art et de la littérature par habitude et commence à pratiquer, disons des technologies nouvelles, par nécessité fondamentale. Mais peut-être que dans l'expression artistique ou dans l'expression littéraire, ou tout simplement dans l'expression coutumière des peuples, il y a de la marge pour une exploration de la dialectique de l'oralité et de l'écriture, dans le cadre même de l'écriture.

Le deuxième point que je voudrais expliquer, c'est que si nous éprouvons cette nécessité d'aller au fond de nos raisons d'oralité, d'aller au tremblement de la dynamique de l'écriture, en passant par l'écriture elle-même, cette condition (la présence de l'écriture) n'est pas la seule qui nous différencie des communautés qui, avant même l'apparition de l'écriture, ont si splendidement affirmé l'oralité. Nous relevons d'autre chose.

Les civilisations qui ont affirmé l'oralité relevaient toutes (c'est ce que j'appelle les cultures ataviques, par opposition aux nôtres, qui sont composites), d'une conception du Mythe, qui, comme on le sait, est la source, en Occident, de l'Histoire : et c'est le Mythe fondateur.

Le mythe est ce par quoi une communauté, sans le savoir, inconsciemment, mais parce qu'elle en a besoin pour vivre, pour exister, à une époque où l'existence d'une communauté s'opposait à celle des autres, se donne une raison d'être sur la terre où elle est, qui devient son territoire. Ce paramètre du mythe, dont l'expression la plus totale est l'Ancien Testament, s'exprime par trois dimensions. Une création du monde, une filiation avec légitimité (un Dénombrement) par laquelle, de cette création du monde au temps présent, c'est-à-dire au temps où le mythe s'affirme, on exprime que, de tout temps, on a été sur ce territoire, et que par conséquent, on détient la légitimité de la possession de ce territoire.

Je pense qu'on n'a pas assez réfléchi à cet aspect du mythe fondateur qui est le mythe de l'exclusion de l'autre, et qui ne comprend l'inclusion de l'autre que par sa domination. C'est-à-dire que si j'ai la légitimité sur mon territoire, je suis aussi fondé légitimement à étendre ce territoire, parce que, en l'étendant, je confère ma légitimité à ceux que je trouverai sur ces autres territoires conquis. La conquête devient un instrument non seulement d'assimilation et d'intégration, mais aussi de légitimation.

Nous voyons là l'explication de l'expansion occidentale. Tout le monde dit : « Étaient-ce des rapaces, des conquistadores sans âme, ni foi ni loi, ou bien des mystiques, des propagateurs de rêve ? » Mais c'étaient les deux en même temps ! C'est-à-dire

qu'agrandir son territoire ou aller conquérir l'or des
autres et les mettre en esclavage était légitimé par la
conception que l'on se faisait de sa propre légitimité et
par le fait qu'on conférait à l'autre cette légitimité,
c'est-à-dire qu'on allait à sa rencontre pour le changer.

C'est une tendance fondamentale du mythe fondateur dans les cultures occidentales que de légitimer
l'appropriation du territoire de l'autre. Et nous, qui
participons de civilisations composites, nées de cette
expansion légitimatrice même, nous devons tout
d'abord renoncer à la notion de légitimité, si nous
voulons combattre efficacement et effectivement ce
trauma par lequel nous sommes collectivement nés.
La première de nos revendications doit être la
contestation de la légitimité et de la filiation.

Ce n'est pas difficile pour les peuples nés de la
diaspora africaine, parce que les civilisations africaines, qui connaissent le mythe fondateur à partir
de la création du monde, ne connaissent pas la légitimité de la filiation.

Dans les mythes du Popol-Vuh et du Chilam-
Balam, il y a une création du monde. Mais ce qui est
intéressant dans ces mythes amérindiens, c'est premièrement que les dieux s'y reprennent à quatre fois
pour faire le monde — les trois premières fois, ils se
trompent, cela ne marche pas — et deuxièmement
qu'il y ait un « trou » entre la création du monde et
le début de l'histoire, c'est-à-dire le premier homme.
La pensée du mythe fondateur occidental ne pourrait pas admettre ce « trou ». C'est aussi pourquoi,
dans les mythes amérindiens, l'homme ne se consi-
dère pas comme le propriétaire, mais comme le gar-

dien de la terre. Comme celui qui est là pour l'hono-
rer, l'entretenir, non pas la violer, non pas la souiller.
Pourquoi ? Parce que ce trou, cette absence, qui se
creuse entre la création du monde et le début de
l'histoire mythique et l'apparition du premier
homme, c'est le signe béant que la légitimisation de
la propriété et de l'appropriation de la terre n'existe
pas.

Nous sommes bien placés pour comprendre cela,
et je crois que le conte créole en est une manifestation : le conte créole ne constitue nulle part de
mythe fondateur. C'est un conte sarcastique, caus-
tique, sceptique qui a déjà compris qu'il y a une
volonté dénaturalisante dans tout mythe fondateur
qui prétendrait à se maintenir aujourd'hui.

Cette tendance et, en même temps, cette obliga-
tion que nous avons de rompre le caractère fondateur des mythes nous est facilitée aujourd'hui par
une tendance parallèle qui est que, malgré les tenta-
tives d'assimilation, nous avons une autre conception
du temps et donc une autre approche du monde que
cette linéarité de filiation qui, dans les cultures occidentales, fonde la légitimité.

D'abord, parce que notre temps historique ne
nous a pas été donné, et que nous avons dû le
conquérir dans les méandres mêmes de notre conscience et de notre inconscient ; nous vivons le temps
d'une manière beaucoup plus chaotique que ce
qu'on veut bien nous enseigner. On veut bien nous
enseigner « avant Jésus-Christ », « après Jésus-
Christ », sur cette ligne, et nous apprenons ça
comme de bons élèves, mais malgré tout, au fond de

nous, il y a ces blocs temporels, ces chaos de temps qui nous agitent sans que nous le sachions. Bien sûr, la majorité des gens vous diront devant un pareil discours : « Mais qu'est-ce que cela veut dire, moi je suis bien installé, j'ai ma télévision, mes voitures, j'ai mon ceci et cela, ma fille va à l'école, moi je suis allé à l'école, on a fait ci, on a fait ça, ça marche très bien, il n'y a pas de problème. »

Mais il y a quelque chose qui baratte par-dessous, dont l'individu n'a pas conscience. Et le rôle du poète — à mon avis — est de faire remonter à la surface ce barattement.

Or, ce barattement du temps, ce quelque chose que nous portons en nous, sans le savoir, nous trouble et nous agite ; notre conception du temps n'est pas celle, linéaire, du temps occidental — malgré nos assimilations. Nous avons par exemple dans les pays de la Caraïbe, les pays créoles, un temps naturel qui n'est pas le temps culturel de l'Occident. L'Occident depuis longtemps a perdu la conception du temps naturel, c'est-à-dire du temps qui est étroitement lié aux épisodes de la vie de la communauté ou aux épisodes du rapport de la communauté à son entour. Mais je pense que l'Occident va y revenir ; à force d'avoir des champs de déchets nucléaires, des catastrophes tchernobyliennes et des pollutions de la Méditerranée. L'Occident commence à se dire que le temps naturel est aussi important que cette linéarité temporelle qui a fixé la filiation et la légitimité. La naturalité du temps va obligatoirement quelque part, non pas au plan des institutions ni des officialités, ni des consciences, mais au niveau du barattement même de l'être ; cette naturalité va casser la belle ordonnance du temps linéaire.

En face de quoi se trouve-t-on ? En face du fait que des cultures entières, comme les cultures chinoises, indiennes ou précolombiennes, qui n'ont pas cette conception linéaire du temps, interviennent aujourd'hui dans la sensibilité diffractée des humanités. Le double temps magique et officiel des Mayas fait que, jusqu'à aujourd'hui, les populations des Andes comme les peuples quechuas ne font pas certaines choses certains jours de l'année, parce qu'ils pensent qu'à ce moment-là, la conjonction du temps magique et du temps officiel porte un signe négatif. Il est certain que la pensée bouddhiste, à travers les transformations du Bouddha jusqu'à l'entrée dans le nirvana, est une conception circulaire du temps.

Nous avons une conception du temps en spirale qui ne correspond ni au temps linéaire des Occidentaux, ni au temps circulaire des Précolombiens ou des philosophies asiatiques, mais qui est une sorte de résultante des deux, c'est-à-dire avec un mouvement circulaire, mais toujours une échappée de cette circularité vers autre chose — c'est ce qui constitue la spirale. Cette conception du temps en spirale a souvent été illustrée, par exemple, je pense, par les poètes arabes préislamiques (et peut-être aussi dans certains mythes océaniens), enfin, il faudrait faire des recherches là-dessus, mais il y a là quelque chose d'intéressant à faire fonctionner pour voir sous ce qui est réellement apparent, à savoir la domination,

les traités entre Américains et Japonais, la réunifica-
tion de l'Allemagne, la débâcle de l'Union sovié-
tique, l'hypereuropéanisation de l'Afrique, pour voir
donc, la détresse des pays africains, l'extinction silencieuse des peuples andins, l'espèce de tremblement
qui étreint l'Afrique du Sud, l'agonie sans témoins
des Indiens de l'Amazonie, etc. Et par-dessous tout
ce spectacle terrifiant (et où qu'on porte les yeux, le
spectacle est le même), quelque chose est en train de
se passer.

Cette chose, c'est que nous sommes en train de
réviser tous ensemble — Occident, Afrique, Amérique, Caraïbe, etc. — l'ancienne conception du
mythe fondateur, les conceptions monolithiques du
temps, et c'est ce qu'il y a de passionnant dans le
monde actuel, dans la poétique du monde actuel :
que nous soyons en train de reconstituer des univers
chaotiques.

À ce moment-là, *chaos* ne veut pas dire désordre,
néant, introduction au néant, chaos veut dire affron-
tement, harmonie, conciliation, opposition, rupture,
jointure entre toutes ces dimensions, toutes ces
conceptions du temps, du mythe, de l'être comme
étant, des cultures qui se joignent, et c'est la poétique même de ce chaos-monde qui, à mon avis,
contient les réserves d'avenir des humanités
d'aujourd'hui.

Les idées qui seront alors importantes, ce sont
celles qui auront permis de comprendre qu'il y a des
dépassements, des recherches d'invariants, des syn-
thèses, et des réalisations dialectiques possibles, entre
tant d'éléments qui se combinent, par-dessous même

les apparences de la domination officielle. Par exemple, les États-Unis dominent le monde à l'heure actuelle ; ce qui s'y passe est sûrement très important et fondamental, mais on ne sait pas si quelque chose ne se passe pas dans une petite ethnie, un petit peuple, une petite tribu complètement ignorée de tout le monde à l'heure actuelle et qui va être fondamental pour notre avenir, intellectuel et spirituel, peut-être même pour notre avenir matériel et pour l'éclairage de cette dialectique que j'ai essayé d'exprimer.

C'est ce que je pratique dans ce que j'appelle une *poétique de la Relation*. Et je crois qu'il n'y a pas d'œuvre de littérature, de poésie ou d'art qui, aujourd'hui, ne tienne à cette problématique-là. Si l'œuvre d'art n'est pas dans cette problématique, à mon avis, elle relève de ce que cette dame disait de l'attitude de l'Occident par rapport à l'art ou à la littérature. Ou bien on estime qu'il faut faire de l'art et de la littérature par mécanisme, par habitude (je ne le crois pas, mais c'est une manière intéressante d'analyser les choses), et alors il vaut mieux planter des clous ; ou bien l'on croit à l'importance et à la valeur de la pratique, de la recherche de l'art, et par l'art et par la littérature, et alors cette pratique n'a d'importance que dans cette problématique : essayer de trouver l'invariant du chaos-monde pour savoir comment les chocs et les conflits peuvent résulter.

Bien entendu, il ne s'agit pas de faire cela intellectuellement, mais par les œuvres de l'esprit. C'est pourquoi il me semble qu'aujourd'hui, l'imaginaire a envahi le concept. Étudier ce chaos-monde, ce n'est pas avec la raison qu'on le fait, ni avec la pensée tout simplement, c'est aussi avec l'existence des communautés, des étants, et par conséquent avec l'art qui est le contact sensible avec l'existant et l'étant. La révélation intuitive de l'existant et de l'étant devient alors un moyen fondamental d'exploration de ce chaos-monde et de cette poétique de la relation.

La question posée est la suivante : dans la magnifique perspective des cultures occidentales organisées autour de la notion de transparence, c'est-à-dire de la notion de compréhension, « com-prendre », je prends avec moi, je comprends un être ou une notion, ou une culture, n'y a-t-il pas cette autre notion, celle de prendre, d'accaparer ? Et le génie de l'Occident a été de nous faire accepter cela, de nous faire accepter sans révision que comprendre, c'était l'opération la plus élevée qui puisse exister pour l'esprit humain. Et moi je dis que ce génie est un génie trompeur, parce que dans *comprendre* il y a l'intention de prendre, de soumettre ce que l'on comprend à l'aune, à l'échelle de sa propre mesure et de sa propre transparence. La prétention à l'universel est une des créations de l'Occident pour faire passer la pillule de la réduction à un modèle transparent, ou plutôt aux divers modèles, car il n'y en a pas qu'un seul : il y a le modèle rationaliste, le modèle religieux. Il y a aussi le modèle scientifique, le modèle technologique, etc. On dit qu'un peuple accède à la culture, à l'éducation, à la civilisation quand il a atteint tel ou tel palier, et qu'il gravit ainsi vers ces modèles transparents. Je dis que nous devons réviser les notions de « comprendre », de modèle et de transparence.

C'est pourquoi ce que j'appelle l'opacité de l'étant — c'est-à-dire, non pas le refus de l'autre, mais le refus de considérer l'autre comme une transparence, et par conséquent la volonté d'accepter l'opacité de l'autre comme une donnée positive et non pas comme un obstacle — devient une nécessité pour tout le monde à l'heure actuelle. Et je suis sûr qu'un jour, dans ce fracas des cultures, la sensibilité des humanités sera telle qu'on apprendra à apprécier des cultures, ou des œuvres littéraires, ou des œuvres artistiques, non pas en fonction de la compréhension qu'on en aura eue, mais en fonction de l'effet sur sa propre sensibilité de l'opacité de ces cultures ou de ces œuvres d'art. C'est-à-dire que je suis sûr que les humanités atteindront à ce moment où on pourra mieux, ou tout autant, apprécier les opacités que comprendre les transparences. Et cela, ce serait un immense progrès. Il y a une nouvelle dimension de l'être comme étant que nous devons développer là : contre la réduction à la transparence universelle, contre le fameux concept de compréhension (je n'ai pas dit qu'il faut l'abolir, je dis qu'il faut le compléter par la sensibilité à l'opaque). C'est là un travail, je ne dirais pas de civilisation, ce serait encore un mot de l'Occident, mais de perfectionnement, qui nous permettra de dépasser les anciennes hiérarchies civilisationnelles.

On dit que par là je suis antioccidental. Pas du tout ! Je pense que l'Occident a été un fondement, d'abord parce qu'il a été le fourrier de la rencontre des cultures, à travers son expansion sur le monde, mais aussi parce qu'il est allé au bout du domaine qu'il avait à défricher, le domaine de l'être, de la transparence et de l'universel. Et qu'il doit entrer maintenant, en tant qu'Occident, par-delà sa puissance économique, politique, dans le jeu de la Relation. La puissance économique, politique est précaire. Cela peut aller, venir, s'effondrer, on ne sait jamais. On ne sait pas si l'économie mondiale ne va pas tomber dans un chaos, dans une autre forme de chaos — négatif celui-là — dans lequel plus personne n'aura d'importance, ni les Japonais ni les Américains ni les Lettons ni les Allemands ni les habitants de la plus petite île du plus petit archipel. On ne sait pas.

Il y a une autre chose que nous pouvons mettre en commun et dans laquelle l'Occident a une part fondamentale à partager avec le monde ; partager, c'est-à-dire mettre en commun, non pas essayer de régenter une nouvelle fois. Je crois que l'acceptation à ne pas régenter serait, à l'heure actuelle, la plus belle preuve de non-barbarie dans le monde. Tout peuple qui n'accepte pas de ne pas régenter est au bord de la barbarie. Il faut se battre, poétiquement, pour affirmer le droit à l'opacité de tous les peuples ; c'est-à-dire que je n'ai pas besoin de comprendre un peuple, une culture, de la réduire à la transparence du modèle universel pour travailler avec, les aimer, les fréquenter, faire des choses avec. Et cela, c'est un pas gigantesque que l'humanité, les humanités doivent franchir du point de vue de leurs concep-

tions mêmes du politique. Tant que ce pas n'aura pas
été franchi, tant qu'on sera réduit au modèle du
comprendre, qui a donné tant de missionnaires (on
comprend les gens, on leur vient en aide, tout en
entretenant le fossé de l'incompréhension par cette
compréhension même), tant qu'on n'aura pas
accepté l'opacité des peuples, on ne pourra pas
s'opposer aux ténèbres de l'intolérance. L'opacité,
ce n'est pas une condition suffisante, c'est-à-dire qu'il
ne suffit pas d'être opaque pour être. Mais il y a là un
pas que l'humanité doit franchir. Les œuvres qui, en
Occident, celles de Joyce, celles d'Ezra Pound et des
romantiques allemands, de Hölderlin, ou de Nietz-
sche, ont déjà commencé ce travail-là de la rupture
de la parole de « compréhension », ont préparé par
là ce chemin nouveau. On appelle cela la « parole
éclatée ». Cette parole éclatée, qu'est-ce qu'elle veut
dire ? Qu'il ne suffit pas de « comprendre » une
culture pour la respecter vraiment. Pour cela, il faut
accepter que cette culture vous oppose quelque
chose d'irréductible et que vous intégriez cet irréductible dans votre relation à cette culture. Et le jour où
les humanités auront commencé à comprendre cela,
je crois que la poétique de la Relation commencera
vraiment d'être mise en œuvre[1].

---

1. Ce texte est né d'un entretien entre Édouard Glissant et
Ralph Ludwig : une résultante de l'oral écrit.

BERTÈNE JUMINER

La parole de nuit

Tout bien considéré, le transfert historique des Africains vers l'immense géhenne américaine, davantage qu'un outrage à leur intégrité physique et morale, a été une grave atteinte à leur culture, c'est-à-dire à leur mémoire et à leur parole. Pour eux, *se souvenir, parler et créer*, malgré l'exil et la déchéance, devenaient autant d'actes de résistance, donc de sauvegarde. Captifs perdus dans les ténèbres du Nouveau Monde, ils appréhendaient l'essence et l'existence à travers une autre nuit fuyante et dense, dont l'exploration ne pouvait advenir que hors de sempiternels travaux forcés sous les langues de feu du soleil, cet ennemi mortel complice d'yeux dominateurs et de bras meurtriers.

C'est dire que, somme toute, la parole de nuit n'est pas contemporaine de l'émergence au monde de la collectivité antillaise, mais que l'exil n'a fait qu'amplifier sa force et ses signifiants. Inséparable du vivre-nègre depuis des temps immémoriaux, elle a préexisté au grand transbordement transatlantique ; elle a débarqué aux Amériques avec les *Nègres d'eau*

salée dont elle était un viatique parmi bien d'autres.
Auparavant, des sociétés orales prospéraient sur la
terre africaine, sans autre écriture que leur statuaire,
leurs rythmes et mythes qui étaient aussi manière de
situer l'où et le quand, de nommer le qui, le pourquoi et le comment. Si l'arbre à palabres réunissait
les anciens, dépositaires de la connaissance et comp-
tables des affaires communes, il y avait parallèlement
un autre lieu privilégié, source d'un discours ambi-
valent et magique destiné au lignage : la mère, ves-
tale gardienne de la case, porteuse exemplaire d'hier
et de demain par l'éloquence de ses *dits* d'élucidation et d'initiation. Le verbe était au commencement, au cours et au décours de toute condition
humaine.

Aussi doit-on reconnaître qu'en milieu traditionnel il a toujours existé une relation de convivialité
singulière, où la parole règne presque sans partage
par le truchement d'une mémoire — l'adulte âgé —
dialoguant avec un projet — la génération montante.
Ainsi « le menton suspendu à la première étoile »,
pour parodier Saint-John Perse, sommes-nous
capables d'aller à la découverte de nous-mêmes et,
chemin faisant, à travers la grande nuit qui subsiste
en chacun de nous, de chercher l'enracinement. Car
ici se situe, pour tout homme de la Caraïbe, une
incontournable problématique collective : qui
sommes-nous ? D'où venons-nous ? Où allons-nous,
et pour quoi faire ? Dès notre plus tendre enfance,
c'est la *parole de nuit* qui a fourni un début de
réponse à ce questionnement pathétique.

À lire les chroniqueurs qui, après la découverte,

ont témoigné de la vie quotidienne aux Antilles, on garde la fâcheuse impression que cette vie-là était une affaire d'adultes. Il n'y est question que de guerres d'annexion, de flibuste, de courses au large, de sacrifices et d'intrigues en tout genre. La violence et la cupidité des hommes d'épée ou de robe sont secondées par la ruse ou la résignation des femmes. Partout l'odeur de la poudre, du sang ou de l'encens ! En somme, il s'agit de la chronique d'une Europe virile et conquérante, émigrée aux Amériques. Même lorsque cette chronique fait une place aux autres — Amérindiens, Africains importés —, l'enfant semble ne pas exister, et les vieux pas davantage. Pourtant, il va de soi que ces deux minorités-là, bien réelles, l'une porteuse d'avenir, l'autre dépositaire du passé, ont tôt ou tard tenu leur place.

Pour les Antillais nés dans l'entre-deux-guerres, l'enfance reste toujours un trop court moment parfait, au sein d'une communauté qui les a entourés de tendresse et investis d'espérance. C'est, tout aussi bien, fichée en plein mitan de leurs cœurs, une écharde exquise dont les élancements, au fil des années, ne cessent de les rappeler à son bon souvenir. Et c'est en permanence que le matrimoine animiste s'oppose au patrimoine judéo-chrétien pour marquer une différence et, par là même, une richesse identitaire née d'une conscience collective à géométrie double : d'une part, la « conscience des profondeurs » qui met debout en plongeant ses racines dans les valeurs matricielles ; de l'autre, la « conscience des horizons » qui a vocation d'ouvrir parallèlement aux échos du monde. Mais la verticalité est prédominante, et c'est la matrice qui la confère. Tant que l'on n'aura pas admis cette singularité-là, tant qu'on n'aura pas remis la mère à sa vraie place, c'est-à-dire la première, notre société reposera sur un malentendu. Car, chez nous, quoi qu'on dise, la femme est la poutre maîtresse, le poteau-mitan de la communauté : on est le fils de son père, mais on reste toujours l'enfant de sa mère. Et cette nuance essentielle est bel et bien le fil d'Ariane qui conduit à la *parole de nuit* et à ses mystères.

D'ailleurs, le Code Noir de triste mémoire (1685), à propos de l'affranchissement éventuel des sang-mêlé — c'est-à-dire des métis nés de mère africaine (il était inconcevable qu'il y en eût nés de mère blanche) — stipulait de façon péremptoire : *Partus ventrem sequitur.* À la bonne heure ! C'est précisément grâce à la puissance des valeurs matricielles que notre lignage a pu déjouer une vaste opération planétaire d'ethnocide, croître et multiplier dans l'exil et l'humiliation.

QUI SOMMES-NOUS ?

Dans l'ouvrage *Dictionnaire des civilisations africaines*, paru en 1968, J. Maquet, directeur d'études à l'École pratique des hautes-études, écrivait : « À la fin du XIXᵉ siècle et au tout début du XXᵉ, lorsqu'on disait la civilisation des peuples d'Afrique, on comprenait l'action de civiliser ces peuples et non l'ensemble de leurs manières de vivre et de penser. » L'Afrique était arbitrairement figée au stade de la table rase, au

premier degré de l'engrenage chronologique : sau-
vagerie — barbarie — civilisation. Les sociétés africaines, férues d'oralité, réputées sans écriture, en
dépit des hiéroglyphes égyptiens — mais pour
l'Occident, nous le verrons sous peu, l'Égypte n'avait
jamais été nègre —, ne pouvaient prétendre au label
de la culture. On faisait allégrement l'impasse sur les
découvertes de la paléontologie et les enseignements
de la préhistoire. On passait sous silence les témoi-
gnages d'Hérodote, globe-trotter de l'Antiquité
grecque, qui avait approché les Éthiopiens
(« hommes brûlés ») et constaté leur organisation
socioculturelle. En revanche, on prenait pour argent
comptant les élucubrations racistes de Champollion
qui, décrivant les momies des pharaons nègres de
l'Égypte ancienne, y voyait des « Blancs à peau rouge
sombre ». Inutile de préciser que nous sommes nombreux ici à correspondre à ce genre de Blancs-là qui
peuplent l'Afrique au Sud du Sahara ! Cette mystifi-
cation avait la vie dure, et sans doute subsisterait-elle
encore de nos jours sans l'objectivité scientifique
d'une nouvelle génération d'ethnologues tels l'Allemand L. Frobenius, les Français M. Delafosse et
Y. Coppens, et surtout le Sénégalais C.A. Diop qui l'a
vigoureusement dénoncée comme une « falsification
de l'histoire ». Entre-temps, A. Césaire, qui avait déjà
lu Frobenius et Delafosse, répondait à sa manière,
dans le *Cahier d'un retour au pays natal*, que les Nègres
étaient « véritablement les fils aînés du monde ».

La paléontologie moderne, grâce à la précision des
techniques de datation chronométrique potassium/
argon, nous enseigne que l'homme bipède (d'où la

libération de ses mains), industrieux et pensant, est apparu pour la première fois voici 5,3 millions d'années en Afrique de l'Est. À partir de ce berceau, il y a eu, de proche en proche, un essaimage de l'espèce humaine à travers la planète. L'Afrique du Nord et l'Europe méditerranéenne furent rapidement occupées, et la preuve est faite aujourd'hui que les hommes-fossiles trouvés en France (Homme de Grimaldi, de Cro-Magnon, etc.) étaient des négroïdes. Mais, au fur et à mesure que s'opérait cette lente migration centrifuge, accompagnée de bonds culturels successifs, des mutations génétiques se sont produites, principalement sous l'effet des conditions écologiques et climatiques. Ainsi se sont progressivement individualisées les races humaines, toutes issues de la race noire. La civilisation a connu ses premiers balbutiements dans la haute vallée du Nil, pour ensuite atteindre son âge d'or préhistorique à l'ère des pharaons. Comme l'écrit T. Obenga : « À l'aurore de l'Histoire, l'Afrique a donné un joyau culturel à l'Humanité, l'Égypte, dont l'énorme durée (près de vingt-cinq siècles de vie active), la production artistique, l'inégalable souvenir hantent encore l'humanité vivante. » Au demeurant, l'obélisque de la Concorde, entre autres trophées ramenés à Paris par Bonaparte, est là pour nous le rappeler.

Aussi nous appartient-il de rétablir les faits dans leur authenticité, sans passion ni vanité : *au commencement était l'Afrique, au commencement était le Nègre.* Vérité scientifique extrêmement dérangeante en l'occurrence, au point de faire scandale en Occident.

Qui ne se souvient des remous provoqués par la thèse de doctorat d'État soutenue en Sorbonne par C.A. Diop, puis publiée en 1955 sous le titre *Nations nègres et culture*? Qui ne se souvient de cet autre esclandre — moins bruyant, il est vrai — à l'occasion d'un congrès de dermatologie médicale des années soixante-dix, lorsqu'un savant français osa faire cette troublante déclaration : « Le Blanc est génétiquement un Nègre décoloré » ? Quoi qu'il en soit, tout cela confirme ce qu'en toute simplicité nous savions déjà, par les enseignements de la *parole de nuit*, à savoir que *l'espèce humaine est une et le racisme absurde*, que « les civilisations sont indépendantes de la race, qu'elles existent partout où s'étend la vie humaine » (T. Obenga).

Pendant des millénaires, le rameau africain originel a connu une expansion continue. Il a progressivement occupé la planète sous forme d'isolats plus ou moins différenciés qui n'ont commencé à se décloisonner qu'à l'apparition des moyens de communication terrestres et maritimes : les animaux de selle, la roue associée aux animaux de trait, les navires équipés de gouvernail et de boussole. La plus extraordinaire migration semble bien être celle qui peuple l'Amérique d'hommes venus d'Asie à pied sec par l'actuel détroit de Béring, soixante mille ans avant notre ère. Ce qui permet au professeur I. Van Sertima, de l'université Rutgers (USA), dans son ouvrage intitulé *They Came Before Columbus*, paru en 1976, de soutenir une thèse favorable à la présence et à l'action civilisatrice inaugurale des Noirs africains dans l'Amérique précolombienne.

Peu à peu, le perfectionnement des outils de mort et la notion de profit assignèrent une doctrine à la convoitise des peuples, de sorte que le décloisonnement devint inséparable de la conquête. Et voici l'humanité tropicale confrontée à l'impérialisme occidental, au génocide amérindien, au vaste et meurtrier transbordement forcé de la Traite qui transformera l'Atlantique en lac intérieur nègre. Voici naître dans la Caraïbe, par métissages divers, une société nouvelle d'hommes à « peau noire, masques blancs », selon l'expression de F. Fanon. Et cette dualité culturelle, si chèrement acquise, fera leur richesse. J'ai parlé tantôt d'une société reposant sur un malentendu ; il s'agirait plutôt d'un dialogue de sourds entre une Afrique qui revendique la justice et une Europe qui tient d'abord à être aimée. C'est dans ces conditions que s'installe sur place une subtile et inégale lutte d'influences : d'un côté, le triomphalisme d'une Europe esclavagiste, vouée au monologue, fermement décidée à oblitérer toute vie et toute mémoire non européennes ; de l'autre, la détresse d'une Afrique exilée, captive mais toujours vivante, qui se souvient malgré tout. Traquée dans son corps autant que dans son âme, cette Afrique-là est condamnée au silence, alors que l'oralité demeure le maître vecteur de sa nature profonde. Comment sortir de cette névrose mutuelle ?

C'est dans son verbe, ses rythmes et ses mythes que, pour sa part, l'esclave acculé trouvera un remède. Autour des cases sordides, au clair de lune, après de dures journées aux champs, les vieux *diront* l'Afrique aux jeunes. Par réminiscences personnelles, ils feront connaître les splendeurs du royaume perdu, la gloire des héros, la familiarité du terroir ancestral, l'ancienne douceur de vivre. Ils enseigneront la sagesse par le truchement de contes, fables et proverbes, où des animaux, souvent inconnus des Antilles, se substituent aux hommes et les caricaturent. Même les veillées mortuaires — on mourait beaucoup, en ce temps-là — seront prétexte à regroupements, à palabres, à convivialité au rythme du tam-tam, car l'âme des morts est censée retourner en Afrique. Dans cet imaginaire collectif, la ruse des faibles — personnifiée par Compère Lapin — prendra une revanche immanente en bernant les puissants ; la balourdise propre aux lâches et aux résignés — tel l'ami Zamba — sera ridiculisée sans vergogne. À ce jeu, la plupart des récits animaliers, dont les personnages gravitent dans un ailleurs de marronnage, auront manifestement valeur éducative. Pour symboliques qu'ils soient, ils véhiculeront une charge culturelle de la différence et de la revendication, il s'en dégagera une morale évidente, forcément subversive au regard de l'ordre établi ; d'où, parfois, leur caractère ésotérique.

La tradition se maintiendra et, après l'abolition, la *parole de nuit* poursuivra son œuvre de désaliénation, de réintégration, grâce au noyau familial qui nous fera entrer, dès notre plus tendre enfance, dans une sorte d'université uxorilocale, animée par un corps professoral du troisième âge, ayant pour tout viatique sa mémoire et son expérience de la souffrance.

D'OÙ VENONS-NOUS ?

Loin de nous l'intention de sous-estimer une part quelconque de nos divers héritages culturels qui sont autant de supports décisifs à nos valeurs de civilisation. Il ne saurait être davantage question de prôner on ne sait quel utopique retour au bercail : les hommes vivent avec leur temps, et ce sont eux qui font l'histoire. Oui, ce sont les hommes qui font l'histoire, encore faut-il qu'ils soient pleinement responsables et qu'ils jouissent du droit à l'initiative. Or nous vivons depuis toujours sous un régime d'intégration socioculturelle à sens unique, dont le principal effet pervers est la négation ou, pour le moins, une certaine esquive de notre africanité. Cette situation ne cesse de s'aggraver. Contrairement à nos devanciers, nous ne disposons plus de sanctuaires protégés : la force de pénétration de l'audiovisuel menace jusqu'à notre intimité familiale, impose des modèles de société venus d'ailleurs, relaie des outils éducatifs aliénants ; la mobilité forcée des hommes disloque et affaiblit nos communautés ; la relation au terroir n'est plus ce qu'elle était. Bref, nous sommes réduits au rôle passif de consommateurs d'une culture dominante. D'ores et déjà, bon nombre des nôtres semblent s'accommoder de cette mutilation. Si nous n'y prenons garde, cette folle entreprise de déculturation-acculturation, de *dénigrification* pour tout dire, finira bien par réussir. Et alors, il ne nous restera plus que nos yeux pour pleurer. C'est pourquoi il nous appartient d'en référer à nos sources africaines et de les exposer au grand jour. Il y va de notre équilibre et, tout compte fait, de notre dignité.

L'histoire nous apprend que nos ancêtres africains proviennent, pour la plupart, de la Côte des Esclaves, située dans le Golfe de Guinée. Il s'agissait essentiellement de captifs de guerre razziés dans l'intérieur des terres, acheminés de force vers le littoral et vendus à la criée aux négriers européens. On les embarquait sans tarder, tandis que des missionnaires, chantant et priant sur le rivage, les baptisaient en vrac, à distance. Le Dahomey, État monarchique et guerrier, avec Abomey pour capitale, en était le principal pourvoyeur, via le port de Ouidah. Les structures sociopolitiques du pays reposaient sur la toute-puissance théocratique du souverain et sur une extraordinaire organisation militaire qui faisait trembler ses voisins. À côté des hommes, l'armée comptait de redoutables régiments de femmes-soldats (improprement dénommées Amazones), véritable corps d'élite unique dans l'histoire du monde, soumis à une discipline de fer et placé sous commandement strictement féminin. Mais il n'y avait pas que les guerres interethniques et leur corollaire tragique, la Traite. Toute une vie organisée se déroulait sur place : des villes prospéraient, les campagnes s'épanouissaient grâce à l'agriculture et à l'élevage ; artistes et artisans, par leurs œuvres, donnaient un supplément d'âme aux communautés. Les prises de guerre avaient trois destinations : les sacrifices humains se déroulant rituellement aux fêtes annuelles de la Coutume ; la main-d'œuvre servile destinée aux notables du régime, aux plantations de palmiers à huile ; la déportation vers les Amériques. On évalue à plus de cinquante millions le nombre d'individus — hommes, femmes et enfants — qui ont quitté l'Afrique dans ces conditions ; bon nombre d'entre eux n'arrivèrent jamais à destination, et la mer devint leur sépulture.

Malgré la révolution industrielle naissante et les idées abolitionnistes à l'ordre du jour en Europe, ce commerce a connu son apogée après le siècle des Lumières, sous le règne du roi Guezo (1818-1858). Ainsi que l'écrit T. Obenga : « Cette douloureuse nappe de l'histoire africaine, cette honte de l'humanité [...] voilà le berceau de la diaspora noire aux Indes occidentales. » Nous croyons inutile de rapporter en détail ici ce sombre épisode de notre passé, largement décrit ailleurs et fort bien connu de tous. Ce qui doit plutôt retenir l'attention, c'est ce que les victimes du transbordement tenteront de nous léguer à propos de leur vie quotidienne d'avant l'écume et le roulis.

Une fois mis à l'encan, dans l'agitation fébrile du débarcadère, inventoriés de la tête aux pieds tels des bestiaux, jetés enfin sur les plantations, dans l'attente d'autres mauvais traitements, que restait-il à ces victimes qui avaient tout perdu, même l'honneur ? Que leur restait-il sinon, simplement, la vie sauve et leur mémoire ? Alors cette Afrique où ils viennent d'endurer tant de souffrances leur deviendra refuge, lieu de résistance imaginaire. Ils l'idéaliseront et, pour mieux l'appréhender, feront le voyage à rebours, dans leur tête, en gommant le passé proche ; et s'il le faut, ils investiront leur lointaine enfance. Sans doute, par la volonté des maîtres, les ethnies et les familles seront-elles dispersées aux quatre coins de la Caraïbe, afin d'éviter toute velléité de communication, tout risque de révolte ; mais par une sorte d'alchimie du désespoir, elles forgeront un langage neuf alliant des mots d'Europe à la syntaxe nègre. Elles perceront les secrets des plantes alimentaires, inventeront une pharmacopée. Elles auront jusqu'à l'outrecuidance de rire, de chanter, de danser. De sorte que cette terre d'expiation leur sera terre nourricière. Elles survivront par le miracle de l'Afrique sans cesse rêvée au fil des lunes, et la *parole de nuit* fera le reste.

OÙ ALLONS-NOUS ? ET POUR QUOI FAIRE ?

Voici, clairement posée maintenant, la question cruciale que nous ne saurions éluder sans risquer de nous perdre. Dès l'origine, on doit le reconnaître, elle a toujours obsédé une néo-collectivité caraïbéenne enfantée dans la douleur et la malédiction, car frappée d'exclusion par ses propres géniteurs. Afin que l'on nous comprenne bien, *nous déclarons solennellement que cette néo-collectivité n'a que faire du ressentiment.* À quoi bon s'encombrer d'un tel boulet quand il importe d'aller de l'avant, de postuler le développement ? Si elle ne veut rien oublier, c'est par souci de mieux se connaître pour mieux s'assumer. Chacun le sait : un peuple sans mémoire n'est pas un peuple libre.

Les premiers tenants de la *parole de nuit* n'ont pas seulement rêvé du paradis perdu. Ils ont aussi lutté pour sauver leurs acquis et pour s'en créer d'autres. Mais, confrontés à de pressants impératifs de survie, menacés dans leur chair et leur conscience, ils ont dû forger une stratégie de circonstance : ils ont fait ce qu'ils ont pu, avec les armes dont ils disposaient. Et, somme toute, ils l'ont bien fait. Ils savaient d'expérience qu'un exil maîtrisé débouche sur une greffe, qu'une mémoire sans projet n'est qu'un songe creux. C'est pourquoi, selon nous, ils ont sauvé l'essentiel : contre vents et marées, ils ont légué une culture. Et pas n'importe laquelle : une culture vivante, avec sa langue, ses coutumes et ses mythes. Dorénavant, il nous appartient, en héritiers responsables, de poursuivre l'action, d'affirmer nos valeurs de civilisation ; non point pour satisfaire on ne sait quelle vanité puérile, mais pour participer pleinement au *dialogue des cultures*, dialogue qui est la santé commune d'un monde qui, depuis la découverte de l'Amérique, s'étiole d'intolérance et d'uniformité.

Mais qu'est-ce qu'un héritier, sinon, par essence, un homme de continuité, figé dans sa conscience des profondeurs ? Est-ce suffisant ? Nous ne le croyons pas et nous l'avons déjà dit plus haut. Tout homme libre a également besoin d'une conscience des horizons, qu'il appréhende par son droit à l'initiative. Il a besoin d'un projet. Dès lors, il lui faut être aussi un créateur.

À cet égard, dans leur patiente lutte d'émancipation, nos anciens ont su montrer le chemin. C'est sous une triple acception qu'ils percevaient la notion de liberté :

— d'abord, celle qui leur semblait la plus décisive : la *liberté physique*, et qui leur faisait le plus défaut. Ils étaient prêts à tout pour l'obtenir, et lorsqu'ils posaient la dure alternative « vivre libre ou mourir », c'est à cette liberté-là qu'ils pensaient ;

— ensuite, celle qui leur restait malgré tout et qui leur était refuge tout autant qu'exutoire à leur névrose : la *liberté culturelle*, traquée sans doute, progressivement déliquescente du fait même des aléas de l'oralité, mais qui, bon an, mal an, les raccrochait à leurs sources ;

— enfin, une liberté plus subtile, car prométhéenne : la *connaissance*, dont ils n'ont découvert l'urgence et la nécessité qu'après l'abolition. On pourrait l'illustrer par cette formule lapidaire : « Plus on est instruit, plus on est libre. » Affranchis mais démunis de tout, ils n'ont pas tardé à prendre la mesure d'un nouveau malheur : ils n'avaient ni la terre ni l'instruction. Or qu'est-ce qu'un homme libre, mais ignorant et pauvre, sinon un esclave toujours ? Alors ils ont fait d'une pierre deux coups : souvent au prix de sacrifices inouïs, ils ont littéralement jeté leurs enfants sur les bancs de l'école. Et l'on a pu voir des choses incroyables. L'une des plus extraordinaires fut le singulier parcours du Guadeloupéen Camille Mortenol, né en 1859, entré à Polytechnique en 1880, dont le père, l'esclave André, avait dû racheter sa liberté pour deux mille quatre cents francs, un an avant l'abolition.

De nos jours — signe des temps sans doute —, cette fringale du savoir, du savoir-faire et du savoir-être, semble bien révolue. Identité culturelle et connaissance demeurent encore des perspectives. On doit à la vérité de dire que les obstacles ne sont pas seulement le fait de la puissance tutélaire, encore qu'É. Glissant ait pu écrire que nous vivions dans un système de « colonisation réussie ». Tout compte fait, l'identité culturelle a régressé. Comment peut-il en être autrement, lorsque nous contestons à notre langue vivante et quotidienne, le créole, tout droit de cité dans nos écoles ? La connaissance — support de la formation des hommes — est confrontée au dramatique problème de l'échec scolaire, véritable fléau dans nos régions. Pourtant, jamais on n'y a autant dépensé, autant investi pour l'éducation. Où sont nos maîtres d'école d'antan, qui s'intégraient pour toujours à la vie communale, prenaient en charge des générations de jeunes qu'ils traitaient comme le fruit de leurs entrailles ? La démocratisation de l'automobile les a drossés sur les villes, la vie politique ou syndicale les a enkystés dans toutes sortes d'assemblées. Où sont les parents d'antan qui déléguaient tant de pouvoir à ces maîtres-là et qui, même illettrés, contrôlaient le travail de leurs enfants ? Leurs activités professionnelles à l'extérieur, le programme télévisé à domicile les accaparent au point de les acculer à la démission. Où sont les grands-parents d'antan, dont la tendresse bourrue était si formatrice, les récits et contes fantastiques si troublants autour de la lampe du soir ? Plus personne ne les écoute ou, pis, on les a relégués en maison de retraite. Où sont les enfants d'antan dont le premier devoir était le respect des adultes ? Où sont leurs jeux d'antan, bien de chez nous, qui les enracinaient dans une culture ? Peut-il y avoir encore une tradition de convivialité quand chacun de nos regroupements est littéralement empoisonné par un intrus bavard et tonitruant — le récepteur de télévision — et quand certains n'ont d'yeux et d'oreilles que pour lui ? En vérité, nous devons réapprendre à vivre !

Réapprendre à vivre, c'est rester fidèle aux enseignements de la *parole de nuit*, faire en sorte que « le lait n'insulte jamais la mamelle ». C'est d'abord redevenir nous-mêmes, pour mieux ouvrir nos bras aux autres, en vue de féconder nos différences. Encore faut-il que ceux-là, enfin gagnés par la sagesse, nous perçoivent tels qu'en nous-mêmes, reconnaissent notre identité, tiennent compte de nos apports de civilisation. Encore faut-il qu'ils renoncent à s'investir d'un prétendu *fardeau biblique* au nom duquel, depuis trois siècles, ils n'ont cessé de nous acculturer, de nous mutiler. Oui, nous devons réapprendre à vivre, afin que vienne le temps du dialogue des cultures, que nous appelons de nos vœux.

EN CONCLUSION

Au fil des générations et jusqu'à l'immédiat après-guerre, notre enfance a été bercée par une sorte d'oracle de proximité, au sein même du cercle de famille : la *parole de nuit*, ainsi nommée parce que intervenant rituellement après le coucher du soleil et germant des sédiments d'une mémoire collective. Corollaire d'une intimité naturelle avec le grand âge, elle informait et formait, tout en confortant une

certitude identitaire. Ainsi a pu survivre et se trans-
mettre une histoire parallèle, charnelle en quelque
sorte, issue de la nuit des temps, mais tout aussi
fragile, car tributaire de la seule oralité, alimentée
par sa propre récitation. En milieu rural notamment,
où se situaient naguère les trois quarts de nos populations, elle s'exprimait avec une force réitérée ;
l'enfant croissait dans un bain linguistique et culturel
qui durait jusqu'à son entrée dans le système scolaire, vers sa sixième année. Il avait donc le temps
d'acquérir des apprentissages de sauvegarde,
d'autant plus édifiants et tenaces que la nature
même des métiers — artisanat, agriculture —, leur
sédentarité foncière favorisaient l'enracinement.

De nos jours, sous l'effet de l'évolution des mœurs,
tous ces paramètres ont bien changé. Le bain culturel créole est en voie de tarissement, et notre langue
(qui peut prétendre la maîtriser encore ?) tend vers
un sabir sans âme ni portée. L'exode rural bat son
plein. À l'instar d'un passe-muraille, l'audiovisuel
s'introduit partout sans nous renvoyer notre image.
La scolarisation précoce, si nécessaire pour lutter
contre l'échec scolaire, n'en transporte pas moins le
petit enfant dans une ambiance d'altérité dès sa troisième année. Les grands-parents, marginalisés par la
force des choses, n'ont plus la relation de proximité
d'autrefois, ni en durée ni en qualité. L'automobile
démocratisée prend, petit à petit, l'allure d'un attri-
but vestimentaire ; on ne se déplace plus sans elle,
tout comme jadis on ne sortait pas sans son casque
colonial ou son parapluie. L'urbanisation, avec ses
logements collectifs exigus et ses bidonvilles hideux,

crée une nouvelle forme de socialisation des jeunes qui s'organisent en bandes, guettés par la déviance et la délinquance. L'expansion touristique, avec ses modèles et ses tentations, les détourne des voies de la patience et de l'effort. Les femmes — nos mères, nos sœurs, nos filles — sont de plus en plus l'objet de violences, de viols, d'assassinats...

Cette longue énumération n'est, hélas, pas limitative. Avons-nous gagné au change ? Sommes-nous innocents de tout cela ? Que faisons-nous pour y remédier ? N'est-il pas temps de nous remettre à l'écoute de notre *petite musique de nuit* ?

PATRICK CHAMOISEAU

Que faire de la parole ?

DANS LA TRACÉE
MYSTÉRIEUSE DE L'ORAL À L'ÉCRIT

L'émergence de l'écriture littéraire en Martinique s'est produite en dehors du soubassement culturel oral. Il n'y a pas eu de passage progressif, harmonieux, comme dans les vieilles littératures européennes, d'un tissu littéraire parlé (contes, chansons de geste, ballades...) à une production littéraire écrite.

Il s'est produit une rupture.

Cette rupture provient du fait que la culture et la langue créoles (au sein desquelles l'oralité s'inscrit) sont apparues dans la matrice de l'habitation esclavagiste ; elles se virent de ce fait, après l'abolition de l'esclavage et l'effondrement du système des habitations, frappées de discrédit. Nées dans l'esclavage, cette culture, cette langue, cette oralité renvoyaient à la condition esclave qui ne fascinait personne. De plus, les rares moyens de promotion sociale se voyaient essentiellement conditionnés par l'acquisition de la langue et de la culture françaises, ou mieux : de la francisation.

Les Békés (le mot « Béké » désigne la lignée des colons européens) avaient toujours idéalisé cette culture. L'idéalisation des valeurs culturelles françaises permettait aux Békés de s'anoblir d'une certaine manière, mais aussi de légitimer, en quelque sorte, leur domination sur ces terres et sur ces êtres barbares.

Les mulâtres, eux (surgis de la conjonction imprévue des maîtres et des esclaves), utilisèrent la culture et la langue françaises comme seul bouclier capable de les soustraire aux féodalités békés tout en leur permettant d'accéder à l'humaine condition. Cette attitude se traduira, dans le domaine politique, par une volonté d'assimilation à la France. Les nègres, après l'abolition de l'esclavage, emboîtèrent ce mouvement et entraînèrent dans leur sillage les minorités d'immigration plus récente, d'origine indienne, africaine, asiatique ou levantine. On assista donc à un reniement collectif de la culture, de la langue et de l'oralité créoles.

Lorsque l'écriture apparaîtra, elle fera de même. Du fait des Békés, puis des mulâtres, et enfin des nègres, elle empruntera le chemin valorisant de la francisation. Cela reviendra à miser sur la culture française contre la culture créole, sur la langue française contre la langue créole, sur la vieille tradition d'écriture franco-occidentale contre l'oralité créole traditionnelle.

Cette rupture sera l'une des causes de la déportation culturelle majeure, qui frappera d'emblée notre littérature. Cette déportation culturelle affectera l'écriture d'une impuissance à toucher l'authentique, et à faire de la littérature un des lieux d'expression de notre âme collective. Le rapprochement de notre écriture vers l'authenticité créole s'est amorcé par le phénomène de la négritude, avec Aimé Césaire, puis s'est précisé par celui de l'antillanité d'Édouard Glissant dans laquelle il fut clairement exprimé, entre autres exigences, la nécessité d'assumer la continuité entre l'oralité créole et notre écriture créole, entre le conteur créole et l'écrivain. Il fallait, par-dessus les siècles et les reniements, tendre la main au Maître de la Parole.

Et c'est là que le problème s'est posé. Et se pose encore.

Assis devant sa feuille, dans une problématique d'écriture, comment convoquer la parole ? Et que faire quand elle est là ?

Dans une situation comme celle-là, l'écrivain se tourne tout naturellement vers ce que les Haïtiens appellent l'oraliture ; ils désignent ainsi une production orale qui se distinguerait de la parole ordinaire par sa dimension esthétique. Et dans le cadre de cette oraliture, il va s'intéresser aux contes et aux conteurs qui en sont les éléments centraux.

En ce qui concerne les contes (desquels notre écrivain créole devrait pouvoir tirer un enseignement), ils ont été traduits du créole au français avec, dans l'esprit des traducteurs, le souci (conscient ou inconscient) de passer de la grossièreté créole à l'élégance civilisée française. Il y avait là une rupture par la langue, mais aussi et surtout, une rupture avec le génie créole originel.

De plus, ces contes ont été traduits sans volonté de préserver leur *économie orale* : il s'agissait, en fait, de les faire accéder aux modalités (dites supérieures) de l'écriture. Ou alors, dans les cas particuliers et rares où une problématique orale était sensible, de les faire passer de l'oralité créole (dévalorisée) à l'oralité franco-occidentale (idéalisée). Dans les deux cas, cela produisit une nouvelle rupture.

Enfin, ces recueils ont le plus souvent dédaigné l'étrangeté créole des contes (Glissant dirait leur opacité), pour les installer dans une clarification conforme aux normes franco-occidentales. Ces normes s'imposèrent à la psychologie des personnages du conte créole (personnages qui provenaient d'Afrique ou d'ailleurs), elles s'imposèrent aux situations et à leur dénouement, elles s'imposèrent à leur philosophie.

Ainsi, la plupart des contes dont nous disposons aujourd'hui, écrits en langue française, ou même en langue créole, ne témoignent que malement de l'état d'esprit particulier (état d'esprit immoral, état d'esprit amoral) qu'exigeait une survie de l'Être dans la situation esclavagiste ou coloniale. Si ces recueils sont utiles à l'écrivain soucieux de convoquer la parole dans son écriture, ils n'en demeurent pas moins (du point de vue du passage de l'oral à l'écrit) infiniment douteux.

Alors, l'écrivain se tourne vers le conteur. Pour ce faire, il doit abandonner les bibliothèques, car personne n'a aujourd'hui analysé les richesses narratives du conteur créole. La parole de ce dernier qui, dans les habitations, était une parole de résistance, induisait une stratégie de dissimulation. Cette stratégie semble avoir si bien fonctionné qu'aujourd'hui encore, les chercheurs en tout genre ne s'intéressent qu'aux contes et oublient le conteur. De plus, la fascination exercée par le nègre marron a gommé dans nos esprits la résistance nocturne, plus subtile, plus détournée, du conteur déployant sa parole au cœur même de l'habitation esclavagiste. De ce fait, le conteur originel, qui aurait pu avec tant d'éclat informer notre écriture, ne s'est jamais vu ériger en objet sinon d'admiration, du moins d'étude. Son savoir et son savoir-faire semblent, aujourd'hui, pour nous, perdus à tout jamais.

Demeurent, pour l'écrivain, des lambeaux de mémoire orale, disséminés à travers le pays, des bouts de contes, des bribes de comptines, des éclats de titimes, des haillons de paroles diverses, qui se bousculent, qui s'entrechoquent, qui ont subi les effets de la francisation et de diverses aliénations, et qui surtout semblent en voltige permanente, quasiment inaccessibles dans leur essence, dans la mesure où aucune approche systématique, rationnelle, méthodique de récupération de l'oralité n'existe en Martinique.

C'est donc avec cette réalité-là que l'écrivain créole d'aujourd'hui doit travailler. Il sait qu'il lui faut assurer la continuité avec l'oral, s'enrichir du conteur, mais pour cette tâche, il est douloureusement démuni.

Alors, comment faire ?

C'est la question que je me suis posée et que je me **pose** encore aujourd'hui. Mon premier soin a été de me mettre à l'écoute des vieux conteurs actuels, les derniers conteurs. Ils vivent dans les mornes une longue agonie. Je les écoute et je les enregistre aussi souvent que cela m'est possible. C'est un matériau extraordinaire qui témoigne un peu du rythme originel, des stratégies de dissimulation du sens vrai, des tactiques pour opacifier l'expression. Cela renseigne aussi sur les fractures de phrases, le concassage du récit, le jeu tourbillonnant des images, l'utilisation ambiguë de l'humour, les effets permanents de distanciation, l'économie générale de la description, le traitement particulier du temps et de l'espace. Et je les écoute moins pour entendre ce qu'ils disent que pour savoir *comment* et *pour quels effets* ils le disent.

L'autre source demeure la langue créole elle-même. Écouter les conteurs est nécessaire ; mais écouter autour de soi le créole profond, ou le créole naturel, l'est aussi. Dans ce contact avec la langue créole, il nous faut autant acquérir son lexique que tenter de percevoir son rythme, ses ondulations, ses intonations, son intensité, son niveau sonore, ses choix. C'est, en quelque sorte, se remettre à l'école du génie profond de la langue, à l'école de sa poétique (c'est-à-dire de ce qui s'y trouve de plus élevé, à hauteur de l'idéal). Il nous faut tenter d'y être sensible partout, en se mettant à l'écoute de la vie créole, mais aussi à l'écoute de soi-même où la force orale créole surgit, de temps à autre, de manière souveraine.

L'autre nécessité est de remettre tout cela dans le contexte historique de négations dans lequel est apparue l'oralité créole. Un contexte de négations absolues, mais aussi un contexte de multiethnicité, d'espace culturel chaotique où s'affrontaient des valeurs venues de l'Europe, de l'Afrique, de l'Inde, de l'Asie, de l'Amérique. Ces valeurs culturelles s'entrechoquaient sans cesse pour se trouver des équilibres provisoires, et ces équilibres demeuraient toujours instables et toujours provisoires. Toujours en alarme.

Dans ce contexte convoqué, invoqué, l'écrivain créole doit tenter de devenir (comme le conteur originel) un homme seul, debout dans la nuit, solidaire d'un cercle d'âmes écrasées qui lui sert de public ; des âmes écrasées qui attendent de lui l'émerveillement, l'oubli, la distraction, le rire, l'espoir, l'excitation, la clé des résistances et des survies. Un public qui provient de toutes les parts du monde, qui ne fait pas encore peuple, mais qui est désormais conscient de l'infinie diversité du monde. Un public dont la conception du monde a dû entièrement se reconstruire dans le désordre et le chaos, et s'équilibrer de désordre et de chaos. Un public qui, dans ces terres d'Amérique, a dû réinventer le monde à partir des bribes de mémoires diverses. C'est la voix de ce public-là que le conteur assumait, et c'est ce public-là qui a fourni la poétique de notre oralité. L'écrivain créole devant sa feuille doit percevoir autour de lui la présence attentive de cet étrange public.

Si l'écrivain réussit cet exploit, s'il parvient à convoquer la parole à ses côtés dans ces conditions-là, il peut alors commencer à écrire.

C'est là qu'intervient le mystère de la création.

Depuis le temps que je m'y applique, j'ai acquis le sentiment que le passage de l'oral à l'écrit exige une zone de mystère créatif. Car il ne s'agit pas, en fait, de passer de l'oral à l'écrit, comme on passe d'un pays à un autre ; il ne s'agit pas non plus d'écrire la parole, ou d'écrire sur un mode parlé, ce qui serait sans intérêt majeur ; il s'agit d'envisager une création artistique capable de mobiliser la totalité qui nous est offerte, tant du point de vue de l'oralité que de celui de l'écriture. Il s'agit de mobiliser à tout moment le génie de la parole, le génie de l'écriture, mobiliser leurs lieux de convergence, mais aussi leurs lieux de divergence, leurs oppositions et leurs paradoxes, conserver à tout moment cette amplitude totale qui traverse toutes les formes de la parole, mais qui traverse aussi tous les genres de l'écriture, du roman à la poésie, de l'essai au théâtre.

Il s'agit de parvenir à une totalité ouverte de l'expression, qui s'alimente de l'oral et de l'écrit, mais qui ne saurait être la seule addition de l'oral et de l'écrit, et cela, que l'on se situe du côté de l'oral ou que l'on avance du côté de l'écrit. L'heure de l'audiovisuel permet enfin d'imaginer une civilisation qui, pour la première fois dans l'histoire de l'humanité, pourrait mobiliser l'oralité et l'écriture non simplement sur un plan d'égalité, mais selon les lois variables d'un écosystème où les limites de l'expression reculeraient au maximum et avanceraient dans un scintillement de facettes diverses. Et, plus que jamais, l'écrivain créole assis devant sa feuille perçoit à quel point, sur cette tracée opaque située entre l'oral et l'écrit, il doit abandonner une bonne part de sa raison, non pour déraisonner mais pour se faire voyant, inventeur de langages, annonciateur d'un autre monde.

Je veux dire qu'il doit se faire Poète.

RENÉ DEPESTRE

Les aventures de la créolité

LETTRE À RALPH LUDWIG

Cher Ralph Ludwig,

Je vous remercie d'avoir bien voulu me donner des nouvelles de l'ouvrage collectif que vous préparez sur les littératures antillaises. J'ai appris avec joie que vous serez bientôt en mesure de le confier à un éditeur de Paris. Le prix Goncourt attribué récemment à *Texaco*, de Patrick Chamoiseau, et le prix Nobel de littérature qui vient de couronner l'œuvre de Dérek Walcott, augmenteront sans doute la faveur des universités et du grand public pour la vie des lettres et des arts de la Caraïbe.

En 1992, l'après-midi même de l'attribution du Goncourt à Chamoiseau, je lui ai envoyé un télégramme de félicitations : « Vive la créolité de l'oiseau de Cham. » C'est vous dire à quel point je me réjouis ardemment du succès de ses fictions. Ses précédents travaux romanesques, *Chronique des sept misères*, et *Solibo Magnifique*, m'avaient favorablement impressionné. J'ai lu aussi attentivement son *Éloge de la créolité*, vigoureux manifeste écrit en collaboration avec Jean Bernabé et Raphaël Confiant.

I

Les importantes questions que soulève l'*Éloge de la créolité* (notamment sous leur aspect politique) concernent avant tout la créolité de la Martinique. Les états de créolité propres aux différentes sociétés de la Caraïbe, quoique historiquement apparentés, quoique issus, à la même époque, du même maelström colonial, dans aucune de leurs expressions — langues, religions, mentalités, arts et littératures — ne se recoupent toutefois entre eux, purement et simplement, comme des échelles de valeurs qui seraient uniformément interchangeables. On peut appliquer à nos cultures respectives ce que Flaubert a dit un jour des feuilles d'une forêt : « Toutes dissemblables dans leur ressemblance. » Nos littératures, comme les identités qu'elles illustrent, demeurent dissemblables dans leurs plus évidents signes de parenté. C'est pourquoi, lors d'une élucidation, à la martiniquaise, de la créolité, il appartient fondamentalement à l'intelligentsia de la Martinique d'analyser les mythes et les réalités spécifiques à la culture de son île.

Alors qu'est-ce qui, dans un débat martiniquais autour des notions de négritude et de créolité, donnerait voix au chapitre à un libre écrivain franco-haïtien ? Le fait que nos identités, à de nombreux égards, ont été déterminées par les mêmes « contextes médians ». Milan Kundera appelle, très intelligemment, *contexte médian* « la marche intermédiaire entre une nation et le monde[1]. »

Aux Caraïbes, en effet, nous cohabitons à l'intersection d'une multiplicité de *contextes médians* : précolombien, latino-américain, africain, français, voire nord-américain et canadien. Sur les plans anthropologique et culturel, ils n'arrêtent pas de se croiser, s'interpénétrer, s'interféconder, se contrarier, avant de s'aventurer, avec une sensuelle et baroque exubérance, dans le processus de créolisation qui les métisse (ou sur le métier à métisser qui les créolise).

Kundera a excellemment analysé la turbulente complexité des choses de notre aventure historique : l'appartenance à des « contextes médians » multiples, si, effectivement, elle pose à nos intelligentsias des dilemmes parfois embarrassants, a surtout le mérite d'ouvrir une pluralité d'horizons féconds à l'affirmation de notre *mode d'être* dans les aventures de la poésie et du roman. La complexité de nos origines nous voue à être des poètes et des romanciers à identité multiple. Cependant, un dénominateur commun nous permet de faire en nous la paix (propice à la création) entre les principales *extériorités* historiques qui se disputent le fond de nos idiosyncrasies : l'Amérique précolombienne — insulaire et continentale —, l'Afrique subsaharienne, la France, l'Europe, et accessoirement, le Moyen-Orient, l'Inde et la Chine. Ce dénominateur commun, la créolité chère à Chamoiseau et à ses amis, nous fait d'éventuels atomes crochus avec les « contextes médians » que je viens de signaler.

1. Milan Kundera, « Beau comme une rencontre multiple », *L'Infini*, n° 34, 1991, p. 50-62.

Les divers faits culturels qui se sont rencontrés au carrefour insulaire de la Caraïbe ont donné lieu à la mutation d'identité qu'est le phénomène de créolisation. Pour y parvenir à terme, ils avaient besoin d'être accélérés les uns par les autres. Aucune des composantes du prodigieux rendez-vous américain ne pouvait, en effet, à elle seule, remplir séparément ce rôle capital d'agent d'*accélération* d'une culture par une autre. La créolisation aura été l'accélérateur qui, par une action synergique, a dynamisé les divers héritages précolombien, africain, français, européen, arabe, hindou, chinois, mis tôt ou tard en contact sur la scène coloniale des Amériques.

Le marronnage fut le premier catalyseur politique et culturel qui permit aux hommes et aux femmes, enfermés à vie dans les plantations, de commencer à se donner peu à peu une échelle nouvelle de valeurs bien à eux. Dans le langage, la religion, la magie, la musique, la danse, la fabulation orale, la pharmacopée, la cuisine, les manières d'être, les arts populaires, les relations sexuelles, la famille, le carnaval, bref : dans toutes les formes d'expression de la vie en société, les esclaves des plantations américaines inventèrent des réponses mentales et motrices aux graves situations de crise, aux redoutables difficultés d'être qui menaçaient de zombifier à jamais leur conscience et leur sensibilité. Avec les *contextes médians* qui les écartelaient, ils créèrent un *imaginaire créole* doté de structures symboliques et mythiques qui leur permirent tant bien que mal de conjurer dans les travaux et les jours impitoyables de la colonie les attitudes désespérées de l'« oncle-tomisme » : la peur et la honte d'être « nègre », le doudouisme, le bovarysme, le complexe d'infériorité, les diverses conduites d'imitation et d'autres formes d'« ambivalence des mentalités ».

Le processus général de créolisation (mode de synergie et de créativité éminemment syncrétique) prit à l'angoisse même de la *condition nègre* (la négritude vécut longtemps à genoux avant de se mettre debout en Haïti) son dynamisme existentiel pour changer en société et en civilisation les agrégats de combustible biologique que le bateau négrier avait jetés pêle-mêle sur le marché clos de la plantation coloniale. Dès lors était entrée dans l'ordre des choses possibles l'apparition d'un *modèle créole* de l'homme et de la femme, à partir même de leur état d'humiliés et d'offensés.

Mais, détenteurs d'un ordre mondial (politique, religieux, culturel, anthropologique) qu'ils estimaient de droit divin, les maîtres n'envisagèrent pas d'intégrer la créolité de l'homme et de la femme à l'histoire de *la* civilisation. Ils sommèrent les dieux yoruba, fon, fanti-ashanti, congo, de s'effacer sans autre forme de procès devant l'absolutisme du Christ et de la Notre-Dame des cultures. Il était exigé des descendants d'Africains, baptisés génériquement « nègres », de perdre la mémoire du « contexte médian » africain, l'une des composantes capitales de la nouvelle identité qui devait survivre à la tragédie de la traite et de la colonisation.

Passant outre, grâce au marronnage, à la sommation des conquérants, les femmes et les hommes de la Caraïbe « noire » ouvrirent le lieu carcéral de la plantation sur l'échappée spectaculaire de la créolité : aux *nègres* désormais de faire librement leur propre histoire, d'inventer le langage de leur nouvel imaginaire, de se découvrir eux-mêmes, de s'ajouter les expériences historiques dues à la symbiose des apports africain, français, précolombien, hindou, arabe, chinois, qui, dans le même alluvial ballant, irriguent la vérité et la vivacité créoles des diverses identités. Le métier à métisser qu'est la créolisation engendra des modes originaux de penser, d'agir, de sentir, d'imaginer, de danser, de prier, de travailler au corps la dynamique de la vie en société.

Étymologiquement : métabolisme culturel *né sur place* (c'est-à-dire en terre américaine), processus de syncrétisme, de dynamisation et d'accélération baroque des héritages culturels, la créolisation aura été en mesure de faire surgir dans les littératures des éléments puissants de *communion esthétique* à partir des cruelles antinomies que la colonisation avait tramées dans la vie plantationnaire. L'oralité africaine, la tradition indienne, l'écriture à la française furent portées sur les mêmes fonts baptismaux, le même *métier à créoliser* qui font aujourd'hui le *mode d'être* qui permet de distinguer d'abord entre elles chacune de nos littératures ; ensuite par rapport à la littérature francophone de l'hexagone, aux littératures également francophones de l'Afrique noire, du Québec, du Maghreb, et à celles de la Belgique, de la Suisse ; et les pays (créolophones) de l'océan Indien.

II

Quel rôle la personne (à mes yeux un *paraclet*) et l'œuvre d'Aimé Césaire jouent-elles dans la dynamique des mutations d'identité qui a nom *créolisation* ?

À mon humble avis, l'*Éloge de la créolité*, s'il a souvent l'air de rendre légitimement « à Césaire ce qui appartient à Césaire » (selon son grand ami Senghor), c'est pour reprendre très habilement de la main droite ce que la main antillaise du cœur avait consenti à donner... L'erreur (et toute la démesure de l'infidélité) consisterait à mesurer l'œuvre de Césaire à l'aune du seul mouvement de la négritude, en excluant injustement la créolité qui fertilise toute la « poétique de la relation[1] » propre à l'auteur du *Cahier d'un retour au pays natal*.

Après avoir eux-mêmes admis que la créolité ne peut être réduite à sa seule dimension linguistique, ni d'ailleurs à aucun des autres termes que trame le processus de créolisation, Patrick Chamoiseau et ses amis intentent à la poésie de Césaire un procès pour délit de *lèse-créolité*...

Dans les poèmes de Césaire, comme dans son théâtre et ses essais, la créolité martiniquaise emporte souverainement les sensations et les images choc loin des sèches postulations idéologiques de la négritude. C'est d'un usage poétiquement créole des ressources du français qu'il s'agit. L'effort du génie de Césaire

---

1. Cf. Édouard Glissant, *Poétique de la relation*, Gallimard, 1990

aura consisté à créer un langage poétique bien à lui, à l'intérieur même de la langue française, en infléchissant somptueusement les règles propres à celle-ci aux préoccupations, aux cadences, à la foulée d'un *moi* éminemment créole (nègre). Le lyrisme de Césaire n'est jamais un *discours* sur la négritude : on a toujours affaire à une créolité vécue, transcendée, sublimée, exprimée sur un ton majeur, jusqu'à atteindre « la note éternelle », de rêve et de toute beauté, qui, selon Baudelaire, signe la noblesse et la musicalité des plus hautes créations de l'esprit en état de poésie.

Césaire a assuré aux valeurs de la créolité une promotion poétique jamais vue : négritude-debout, onirisme antillais, réalisme merveilleux, surréalisme populaire, marronnage culturel, humour « nègre », bref : oxygénation, baroquisation, carnavalisation, agrandissement sans précédent des échelles du réel et de l'imaginaire tombés des pluies toxiques du passé colonial.

Il y a lieu, à cet égard, de rappeler une observation extrêmement pertinente de René Ménil : « Quant à prétendre enfin, comme certains critiques, que la littérature antillaise ne peut se spécifier comme antillaise du fait que c'est la langue française qui la véhicule, c'est une absurdité aussi criante que celle qui consisterait à refuser toute authenticité aux littératures sud-américaines et caraïbéennes (chilienne, guatémaltèque, mexicaine, cubaine, etc.) sous le prétexte qu'elles utilisent la langue espagnole. »

Ce n'est sûrement pas à Chamoiseau, Bernabé ou Confiant qu'il viendrait l'idée absurde de contester la formidable créolité des Gabriel García Márquez,

Alejo Carpentier, Miguel Ángel Asturias, Juan Rulfo, Carlos Fuentes, Mario Vargas Llosa, etc. ; ou bien, en langue portugaise, la créolité brésilienne des Jorge Amado ou João Guimarães Rosa, etc.

L'imaginaire créole de Césaire a pris à l'égard du français la même liberté dont les meilleurs représentants des littératures ibéro-américaines ont usé par rapport à l'espagnol et au portugais. L'œuvre lyrique de Césaire déborde alluvialement l'étroitesse conceptuelle et les ambiguïtés anthropologiques de la négritude. Sous la poussée d'un cosmos intérieur profondément marqué par les épreuves de l'esclavage et de la colonisation, le grand cri de la négritude césairienne fit sauter les verrous et les instances que « les maîtres à fouet intellectuel » avaient placés dans la conscience de l'esclave. Césaire fit ainsi sortir doublement langue créole et langue française de la fonction parodique que la terreur et l'ignominie de la plantation leur avaient assignée. La négritude de Césaire, avant de faire son temps, réussit à décoloniser la fonction langage et création. Elle congédia le scandale sémiotique qui est à l'origine des notions mythiques de *Noir, Blanc, métis, homme de couleur, mulâtre*, qui sont une profanation de la diversité et de l'unité de l'espèce à travers la pluralité des langues et la multiplicité des « contextes médians » qu'habite l'imaginaire composite des civilisations de la planète.

La poésie d'Aimé Césaire, dans son allant de fleuve onirique, transcende les professions de foi de la créolité, quand celle-ci, sous l'influence des sirènes de la politique, s'avise en aval, comme hier la négritude en amont, de s'ériger, à ses risques et périls, en *idéologie* de la postdécolonisation. Faisant corps avec la façon qu'a Césaire de *vivre* la connaissance poétique, sa créolité est le tissu même d'un art de poétisation de la vie intensément à l'affût d'une explication orphique du *pays natal* et du monde.

C'est avant tout une aventure du rêve : violence onirique de la tendresse, force cosmique d'approfondissement et de communion, persévérance dans les révoltes de l'être, attachement à l'essentiel des racines de la Caraïbe, dans cette poésie, le tout-individuel et le tout-cosmique, imitant les branches des arbres musiciens, partent ensemble à la quête des parentés qui font la force et la beauté de la condition humaine.

Ce n'est pas la crainte de la folie qui nous forcera à mettre en berne le drapeau de l'imagination.

Et le poète martiniquais Aimé Césaire réinvente l'enfance de la créolité : les sept commandements d'une connaissance qui joue le grand jeu du monde, sans herbes, sans antilopes ni zèbres, contre les gueuletons pantagruéliques du vieux lion colonial, c'est-à-dire, très *césairement* parlant : « ... la démarche qui par le mot, l'image, le mythe, l'amour et l'humour m'installe au cœur vivant de moi-même et du monde ».

Mouvement de *naturation* « qui s'opère sous l'impulsion démentielle de l'imagination ».

La créolité césairienne « éclabousse l'objet de toutes ses richesses mobilisées ».

Force d'enracinement et de pénétration, cette créolité tellurique assure merveilleusement « le contact entre la totalité intérieure et extérieure » des êtres et des choses de la Caraïbe. Comme la vérité de la poésie, la créolité d'Aimé Césaire a pour signe la beauté d'expression du muscle et du sang en mission de légitime marronnage dans les veines de la langue française.

Étant tout un poème qui galope en chevauchée folle le long de la mer, la créolité de Césaire, comme un petit matin violet qui parle la langue sacrée d'un dieu, la créolité de Césaire, belle comme la racine d'un cri en plein midi de nous-mêmes, nous apprend que : « Le poète est cet être très vieux et très neuf, très complexe et très simple qui aux confins vécus du rêve et du réel, du jour et de la nuit, entre absence et présence, cherche et reçoit dans le déclenchement soudain des cataclysmes intérieurs le mot de passe de la connivence et de la puissance. »

Ce maître *mot de passe de la connivence*, qui vient de plus loin que les cris de la négritude, de plus loin que le ronronnement des maîtres d'école, ce mot qui vient tout frais des confins bleus de la traite et du marronnage, n'est autre que le mot *créolité* qui mobilise jusqu'à l'enfance du merveilleux les forces énergétiques qui nous *parlent* dans la parole hantée d'Aimé Césaire.

En vérité, messieurs et dames de la compagnie, opposer créolité à négritude dans la parole à Césaire Aimé, ne serait-ce pas vouloir traduire la vérité poétique d'une esthétique-de-la-marée en tout petits résultats électoraux ? L'opération risquerait d'appauvrir à tout jamais les horizons qui tiennent compagnie tendre et bonne à nos rêves inconsolés.

À mes yeux trois textes majeurs, comme trois grands loas[1] du vaudou, montent dans la parole en

1. *Loa* : être surnaturel dans le vaudou. Plus qu'un dieu, un *loa* est, en fait, un génie qui peut être bienfaisant ou malfaisant.

marronnage de la Martinique. Ils s'étagent librement sur les fusées esthétiques de trois générations. Ils éclairent de manière magiquement complémentaire les tenants et les aboutissants, le chahut et le roulis de la *créolité en travail* dans le roman et dans la poésie :

— *Poésie et connaissance* (1944) : Aimé Césaire ;
— *Le discours antillais* (1981) : Édouard Glissant ;
— *Éloge de la créolité* (1989) : Jean Bernabé, Patrick Chamoiseau, Raphaël Confiant.

Battant haut le même pavillon martiniquais, ces trois pirogues, gagnant la mer par « la rivière de la créolité alluviale », nous apportent — au bout du petit matin violet de nous-mêmes — des frissons et des tendresses de Noël, avec de la place pour tous au soleil à l'entour de la montante marée.

À elles trois, ces grandes ailes de vertigineuse percée au-dessus du chez-soi et du tout-monde nous délivrent de quoi rêver, raconter, résister, marronner, accepter, créoliser à perte de vie : dans une « parole de nuit » bien à nous (romanesque ou poétique), qui sache rire, danser, jouir, jouer, découvrir, inventer, méditer, explorer, en faisant passionnément corps de femme ou d'homme libre avec la Caraïbe, pour « y nommer chaque chose et dire qu'elle est belle ».

Lézignan-Corbières, Noël 1992

RAPHAËL CONFIANT

Questions pratiques d'écriture créole

En quel lieu s'élabore la littérature antillaise ? Sur quel terreau prend-elle appui ? De quelle matrice jaillit-elle ?

Ce ne sont point là questionnements scolastiques ou sujets de thèse pour universitaires euro-américains passionnés par nos « Tristes Tropiques », mais bien lancinements de tout écrivain de chez nous qui se refuse tant au mimétisme stupide (parnassiens ou symbolistes créoles) qu'au mimétisme intelligent (surréalisme nègre, Nouveau Roman insulaire).

En fait, tout part de la notation fulgurante d'Édouard Glissant dans *Le discours antillais*[1], à savoir qu'il existe une béance, voire un gouffre entre l'écrit antillais, qu'il soit en français ou en créole, et ce que l'on nomme désormais l'oraliture, c'est-à-dire l'ensemble des pratiques langagières codées (contes, devinettes, chants de travail, etc.). Il semblerait, en effet, que la plupart des grandes littératures nationales du monde soient nées de la lente transcription

1. Éditions du Seuil, 1981.

des paroles, ici des troubadours, là des bardes, des griots ou des conteurs.

Chez nous, aux Antilles, aucune passerelle entre le poème de Daniel Thaly (xixe siècle) ou d'Aimé Césaire (xxe siècle), écrit souvent dans un français hyperclassique et usant d'une stylistique occidentale, d'une part, et la profération protéiforme des maîtres du Dire qui continuent d'enchanter nos veillées mortuaires au fin fond de nos campagnes, d'autre part.

Cette béance-là désigne donc le lieu même de la littérature antillaise. Ou plus exactement l'espace qu'elle doit combler pour cesser d'être perpétuellement déportée d'elle-même, pour qu'enfin elle puisse accéder à l'authentique. Espace de frottement de deux langues, de deux imaginaires, de deux sémiotiques si étroitement mêlées qu'il brouille les pistes du chercheur et complique la tache de ce praticien de l'écriture qu'est l'écrivain. En ce qui me concerne, praticien avant tout, la question de la langue n'est pas, et ne saurait être distincte de celle de la sémiotique.

Exemple concret : la langue créole, essentiellement rurale et orale, ne possède pas de niveau descriptif. On le sait, il n'existe pas de société où le paysan s'extasie sur la beauté d'un arbre, d'un paysage ou d'une rivière (je parle d'un point de vue esthétique, bien sûr, et non productif). Vivant en symbiose étroite avec son milieu, il n'a pas besoin de l'esthétiser de manière verbale, scripturale ou picturale. Ainsi donc, si j'écris en créole, je me trouve dramatiquement confronté à cette absence de vocabulaire descriptif qui saute aux yeux quand on exa-

mine le tout premier roman dans cette langue, *Atipa*
du Guyanais Alfred Parépou datant de 1885. En deux
cent vingt-sept pages, on n'y trouve pratiquement
aucune description du cadre dans lequel se déroule
le roman, à savoir la ville de Cayenne, hormis de très
brèves notations sur le quartier populaire de La
Crique. Quant au héros, Atipa, ainsi que ses différents interlocuteurs, Bosobio, Dorilas, etc., à peine
l'auteur esquisse-t-il leur portrait, et le lecteur ne
peut guère imaginer leurs traits. Écrivant en créole,
j'ai été confronté à cette difficulté d'exprimer la
belleté des mornes et des ravines, le mystère de
certains visages, faute de disposer d'outils pour le
faire.

Passé au français, quelque dix années plus tard, j'ai
eu la surprise de me retrouver confronté à un problème similaire, quoique dans des termes complètement différents. Comment décrire un cocotier ?
Comment dire qu'une plage de sable blanc est
belle ? Cocotier et sable blanc, tout le paysage antillais en final de compte, ont été réifiés par le discours
exotique européen. Un écrivain euro-américain peut
vanter la beauté d'un sapin ou de la neige, un écrivain antillais ne peut pas faire de même pour le
cocotier et la plage de sable blanc. Et le drame, pour
moi, écrivain antillais, c'est que ni le cocotier ni la
plage de sable blanc ne sont exotiques dans mon
vécu quotidien mais, dès l'instant où, usant de la
langue française, je m'attelle à les évoquer, je me
retrouve littéralement pris en otage, terrorisé au sens
étymologique du terme par le regard réifiant de
l'Occident.

On le comprend donc, pour un écrivain antillais, il

se pose un problème linguistique au niveau du créole et un problème sémiotique au niveau du français. Aucune de ces deux langues ne parvient à satisfaire son désir de dire le réel antillais, les roches, les mornes, les travaux et les jours. D'où les solutions de traverse (ou de fuite si l'on préfère) : celle de Parépou ou de Frankétienne, l'Haïtien, qui consiste à ne pas le décrire ou le nommer et à concentrer leur travail d'écriture, le premier dans le dialogique, le second dans la fulguration de la parole dont l'écrit tente de capter vainement les méandres. Dans *Dézafi*, premier roman haïtien en créole, publié en 1975 par Frankétienne, il n'y a aucune visualisation de la terre haïtienne. Sa traduction en français par l'auteur lui-même, sous le titre *Les affres d'un défi*, montre de manière irréfutable que ce texte pourrait évoquer n'importe quelle situation de zombification de par le monde. S'appliquer à n'importe quel pays. *Dézafi* est haïtien parce qu'il est rédigé en créole, pas parce qu'on y sent, qu'on y palpe, qu'on y voit la concrétude haïtienne. Solution de fuite donc chez l'écrivain créolophone qui feint de ne point remarquer la terre rouge des mornes ou la tristesse insondable des cocotiers à la brune du soir.

Fuite en avant ou fuite dans le déport et l'aliénation chez l'écrivain antillais francophone toujours à ce niveau du descriptif. Prenons ce fort beau vers du poète martiniquais du XIXe siècle, Victor Duquesnay que je cite de mémoire (et donc de manière tronquée) :

> *Je suis né dans une île amoureuse du vent*
> *où les flamboyants pleurent en flocons de sang.*

« Flocons de sang », cette image **magnifique** évoque la chute des fleurs rouges de l'arbre flamboyant au début du carême. Belle image, magnifique image mais qui, hélas, n'évoque rien, absolument rien dans le vécu ou l'imaginaire du commun des mortels antillais : « flocons », en effet, ne fait pas partie du lexique du français régional antillais et la majorité des Antillais n'ont jamais vu la neige tomber autrement qu'au cinéma ou à la télévision. Vous voyez donc où je veux en venir : pour « dé-réifier » en quelque sorte le flamboyant, Victor Duquesnay, qui écrit en français, est contraint de faire appel à l'image non antillaise du flocon de neige, lequel jure avec la luminosité écarlate et la chaleur du flamboyant.

Poursuivons. Liée à la question du descriptif et à celle de l'espace, se pose celle du temps. Dans l'oraliture créole règne le temps arrêté de la plantation. Les personnages du conte créole, qu'ils soient animaliers comme Compère Lapin ou Compère Zamba, ou bien humains comme Ti Jean l'Horizon, agissent dans un univers où le temps chronologique ne compte pas, où il n'est pas mesuré en tout cas. Alfred Parépou, auteur d'*Atipa*, reprend cette atemporalité dans son roman puisqu'on sait qu'il est tout à fait possible de lire dans n'importe quel ordre les vingt-sept chapitres du livre. L'auteur nous indique certes que son héros est un chercheur d'or en congé pour une semaine à Cayenne, mais il s'agit là d'une notation purement conventionnelle qui n'a aucun effet sur le texte lui-même. Le temps d'*Atipa* peut être d'une semaine comme il peut être d'un mois ou d'un an. Il ne se passe rien dans ce roman (qui d'ailleurs ne correspond guère à ce que l'on entend en Occident par « roman »), pas d'événements. Il ne comporte aucune intrigue, nulle péripétie ou rebondissement. La structure du texte est répétitive : Atipa, dans chacun des chapitres, rencontre un ami avec lequel il discute d'un sujet social, politique ou culturel. Si bien qu'à la fin du livre, Parépou a recours à une vieille formule des contes créoles, comme s'il voulait indiquer que son œuvre n'est que pure transcription de l'oral : « Mo bin qué so zanmi yé la ; a yé qui raconté mo, tout ça mo dit zôte, landans live la » (Je suis en bons termes avec ces amis. Ce sont eux qui m'ont raconté tout ce que l'on trouve dans le livre[1]). Le narrateur n'assume donc pas le texte et le définit comme un texte rapporté, un ensemble de propos recueillis de la bouche d'amis de son ami Totie ! ! ! On songe immédiatement à la formule de conte suivante : j'écoutais sous la table, lors d'un banquet, quand l'un des convives m'a découvert et m'a chassé d'un grand coup de pied qui m'a envoyé jusqu'à vous pour vous narrer tout ce que j'y ai pu entendre.

Répétitivité de la structure du texte qui est en contradiction flagrante avec la logique de l'écriture qui est celle du temps, du déroulé, qui permet l'entrée dans l'Histoire avec un grand H, chose qui n'est pas du tout le cas de l'écriture créolophone d'Alfred Parépou, laquelle ne fait que redoubler, dupliquer l'oralité. On comprend dès lors pourquoi *Atipa* n'a pas provoqué l'apparition d'une véritable tradition d'écriture en créole. Si l'on enjambe près

1. Éditions caribéennes, réédition 1980.

d'un siècle et que l'on examine le roman en créole de l'Haïtien Frankétienne, *Dézafi*, on s'aperçoit que la question du temps n'a pas été résolue. Cette œuvre est une allégorie de la zombification du peuple haïtien et on le sait, dans l'univers du zombi, le temps s'est arrêté ou plutôt il n'existe plus. *Dézafi* est donc une concaténation de paroles dont on ignore et l'énonciateur et le lieu d'énonciation. Il y a au moins une isotopie dans le texte qui exemplifie cette immobilité : celle d'une vieille cour dans laquelle tisonne un feu entre quatre roches sur lequel a été posée une vieille boîte en fer-blanc pleine d'eau. Frankétienne ne parvient pas à faire accéder la littérature créolophone à la temporalité de l'écrit. L'œuvre ne se dénoue que dans les ultimes pages de *Dézafi*, lorsque Klodonis, le zombi, l'antihéros du livre, goûte au sel salvateur que lui a fourni en cachette Siltana, la fille du commandeur des zombis, qui est amoureuse de lui. Il s'agit là d'un dénouement précipité, brusque, qui ressemble, une fois encore, à un procédé du conte créole, de l'oraliture.

Mêmement lorsqu'on aborde la littérature antillaise en français, on s'aperçoit que nos écrivains, en général, ne font que décalquer la temporalité occidentale, étrangère au réel, surtout au réel paysan antillais. Dans *Gouverneurs de la rosée* de Jacques Roumain (dont le titre d'ailleurs est l'exemple éclatant des confusions entraînées par la diglossie littéraire puisqu'il convient de lire derrière lui *Les maîtres de l'arrosée*, autrement dit *Les maîtres de l'irrigation*. Rien à voir avec la rosée matinale comme on l'a trop souvent répété), s'instaure une temporalité limpide :

il y a l'avant-Manuel, le temps de Manuel et l'après-Manuel pour les villageois de Fond-Rouge. Une temporalité biblique en quelque sorte, christique même puisque Manuel fonctionne comme un véritable messie. Cette temporalité, propre aux civilisations judéo-chrétienne et musulmane, est étrangère à celle de l'univers rural antillais marqué au coin de l'animisme africain et amérindien. Dans cet univers-là, l'apparition d'un messie qui bouleverserait les structures sociales est improbable, voire impossible. C'est de cela que veut témoigner *Dézafi* où le narrateur est le « nou » (nous) collectif. En français aussi donc, nos écrivains éprouvent des difficultés à exprimer la temporalité chaotique, brisée qui forme l'expérience historique de nos peuples. C'est ce qu'Édouard Glissant, le premier, s'est appliqué à retrouver dans ses romans, avec tout ce que cela comporte de discontinu et d'opacité, même pour le lecteur antillais.

Comment tenter de résoudre dans la pratique de l'écriture ces différents problèmes ? Je crois que l'une des solutions est d'essayer de récupérer certains modes de fonctionnement non seulement de l'oraliture au sens strict du terme, mais aussi et surtout de la parole populaire que l'on appelle aux Petites Antilles le « milan » et en Haïti le « lodyans » (audience). L'une de ces structures qui m'influence le plus dans ma pratique d'écriture en français est celle du ressassement. Il s'agit de l'habitude que nous avons non seulement de raconter un même fait de trente-douze mille manières, mais encore de le ressasser comme si on cherchait à en épuiser les significations. À l'écrit, cela produit un récit étoilé et non linéaire qui va à contre-courant de la tradition romanesque occidentale, les branches de l'étoile étant les différents ressassements, le centre en étant ce fameux sens que l'auteur cherche désespérément à atteindre. Et cette quête impossible, ce Graal créole, correspond tout à fait à l'expérience historique des peuples créoles dont j'ai parlé plus haut : à savoir qu'abandonnant leurs territoires d'origine, volontairement ou non, ayant perdu pour certains groupes ethniques la presque entièreté de leur culture originelle, ils sont depuis lors à la recherche d'un sens, d'une origine. On voit donc ici comment une structure formelle, le ressassement ou récit étoilé, permet d'exprimer avec une grande adéquation une problématique culturelle qui est au cœur de la créolité.

Bien entendu, la langue dans laquelle doit s'exprimer ce récit ressassé ne peut être le français standard ou hexagonal. Il ne peut être qu'un français habité par les mots et surtout l'imaginaire créoles. N'oublions pas que la langue créole n'est au fond que du français arrêté (arrêté au début du XVIIe siècle) ou du français avancé comme disent les linguistes. Le créole est un fantastique conservatoire d'expressions à la fois d'ancien français et d'expressions normandes, poitevines ou picardes, et la réutilisation de tout ce matériau dans le français utilisé par les auteurs antillais de cette fin de XXe siècle redonne à la langue française la vitalité qui était la sienne à l'époque de Rabelais. À mon niveau personnel, il m'aide à donner au lecteur antillais l'illusion de lire du créole. Aucun compliment ne me touche davantage que lorsqu'un lecteur me déclare avoir eu la

curieuse impression d'avoir lu du créole à travers
mes livres en français. Je fais donc doublement plaisir : aux Français de l'hexagone parce qu'ils re-
trouvent une strate profonde et oubliée de leur
propre langue ; aux créoles parce qu'ils ont le sentiment ou l'illusion de lire leur propre langue verna-
culaire.

Or, quel est le but premier de la littérature sinon
celui de procurer du plaisir ?

HECTOR POULLET
ET SYLVIANE TELCHID

« *Mi bèl pawòl mi !* »
ou
*Éléments d'une poétique
de la langue créole*

Ou mandé-mwen Doudou sa poézi yé : Dé grenn-mo
pou chalviré malè !
(Tu me demandes mon amour ce qu'est la poésie —
c'est des paroles semées pour culbuter le malheur.)
GEORGES CASTERA FILS, Konbèlann

BELLE PAROLE ET BEAU PARLEUR

Par extraordinaire, l'Histoire a fait de nous,
hommes et femmes de la créolité, des êtres de fron-
tière. Ni Nègres ni Blancs ni Africains ni Européens
ni Indiens et pas même Américains, notre hybrida-
tion culturelle et génétique, qui nous a longtemps
encombrés, nous allons désormais l'utiliser pour
explorer notre propre nébuleuse. Janus nous
sommes, Janus nous voulons nous accepter, et regarder le brouillard se lever sur les rives de nos ambigui-
tés. Placés aux frontières d'un monde majoritaire-
ment oral où l'écrit domine, nous voulons à la fois
nous pencher sur le berceau d'une langue créole
encore dans les langes et participer à la fête d'une
langue française en robe de soirée Notre recherche

d'une poétique de la langue créole ne saurait, dans ces conditions, être objective ; il s'agira plutôt d'une quête naïve de nous-mêmes, d'une exploration d'où nous n'espérons ramener rien d'autre qu'un peu plus de densité à notre univers intérieur, peut-être seulement un peu plus d'identité.

En créole, on s'écrie : « Ah, la belle parole ! », quand en français on dirait : « Quel beau parleur ! » Nous apercevons déjà la différence : dans un cas, c'est la parole qu'on remarque, dans l'autre, celui qui parle. Ce n'est donc pas un hasard si, de la citation que nous mettons en exergue de notre réflexion, nous avons retenu « la parole » et non l'auteur.

La « belle parole », objet de notre quête, est comme la pépite entourée d'une gangue qui serait la « langue vulgaire ». Et c'est de cette pépite que l'orfèvre-poète va tirer le joyau que tout le monde pourra admirer. Mais qui a dit que la parole était belle ? Quelles irisations ont permis de reconnaître la pierre précieuse ? Que voulons-nous dire exactement quand nous nous exclamons : *Mi bèl pawòl mi !* Quels sont nos critères de la « belle parole » ? Posséde-rait-on un sixième sens pour l'esthétique de la langue, une faculté innée donnée à tout un chacun ? Pouvons-nous tenter l'esquisse d'une poétique créole ? Telle sera la première interrogation à laquelle nous tâcherons de répondre. Pourquoi, dans nos civilisations orales, la parole a-t-elle tant d'impor-tance au point de faire disparaître le parleur ?

Et pourquoi cette peur du silence ? Quelle place occupent parole et silence dans notre société ? Ce sera la deuxième question.

Mais peut-on parler de la « belle parole » sans définir la parole créole ? Ce qu'on appelle « parole » en créole peut être aussi bien une idée, un mot, une expression qu'une sentence, un proverbe, une maxime ou autre dicton. La parole créole prend une multitude d'aspects suivant son contenu, c'est-à-dire son sens profond ou l'image qu'elle colporte ; son aspect sera également fonction de sa sonorité, et parfois même de l'intonation de celui qui l'émet. Tantôt la parole sera légère, futile, inconsistante, et ce sera alors la *pawòl flo* ou *pawòl kyòlòlò* ou encore *pawòl initil* ; parfois, elle peut être méchante, blessante, mauvaise : la *pawòl malérèz* peut faire mal, volontairement ou involontairement, et dans ce cas, elle n'est qu'un *blèsman de mo*. Les propos injurieux, grossiers, triviaux seront qualifiés de *pawòl sal* ou *vyé pawòl* ou *pawòl dòmi-dèwò*. On dira de quelqu'un qui emploie des mots durs que « sa parole est raide ». Celui qui veut qu'on croie en sa parole ponctuera ses dires de la formule *pawòl sèryé*. Les *pawòl wé* ou *pawòl kouyonnè* viennent de celui qui cherche à tromper son interlocuteur. Les *pawòl dousinè* ont pour but de flatter celui à qui elles s'adressent ou de l'amener à apaiser son humeur. Les *pawòl palé* ou *pawòl an bouch* ne sont que verbales et n'engagent en rien celui qui les exprime. Les deux expressions renvoient au proverbe créole *Pawòl sé van* (littéralement : « La parole, c'est du vent »).

L'expression créole *pawòl dépalé* s'emploie soit quand quelqu'un se contredit sous l'effet d'un excitant ou d'un sentiment violent, soit quand sur son lit de mort un individu confesse avoir fait du tort à

d'autres par des moyens occultes. Enfin la *bèl pawòl*
est l'expression utilisée ironiquement pour parler de
propos trompeurs ; mais la *bèl pawòl*, c'est aussi le
mot, l'expression, l'idée qui plaît pour diverses raisons que nous allons essayer d'expliquer.

LA BELLE PAROLE — AUTHENTICITÉ
ET MUSICALITÉ

La belle parole, c'est souvent celle du conte faisant
du conteur créole le véritable maître de la parole.
Quels sont alors les éléments d'une esthétique de la
parole du conte ? Suivant le témoignage de nombreux jeunes Antillais issus de la classe moyenne, un
des éléments essentiels est l'authenticité de la parole.
Ils entendent par là des mots, tournures et expressions *natif-natal*, c'est-à-dire qui ne font pas partie de
leur vocabulaire de citadins, mais de celui des gens
de la campagne profonde, parler qu'ils reconnaissent
sans pour autant pouvoir l'utiliser. La belle parole est
donc pour eux ce parler campagnard qui, précisément, était méprisé jadis et qui se manifeste par
exemple dans l'emploi de :
— *déviré* (« retourner »), alors qu'ils auraient dit
woutouné ;
— *wòs* (« têtu »), au lieu de *pa ka obéyi* ;
— *granbwa* (« forêt »), au lieu de *foré* ;
— *toupannan* (« pendant ») au lieu de *pannan* ;
— *davwa* (« parce que »), au lieu de *pas*.
Le deuxième aspect de l'authenticité vise la
conformité entre la forme de l'expression et l'objet

en question ou l'action décrite. Ainsi, l'emploi d'onomatopées leur semble plus justement complé-ter les verbes et les noms que l'utilisation d'adverbes et d'adjectifs. Par exemple :

— *jou wouvé* fap (« le jour se leva brusquement/ soudainement »)

— *dyab bay* pong *si tèt* (« le diable lui donna un coup sec sur la tête »)

La belle parole créole se manifeste ensuite dans la musicalité, qui peut, par exemple, être liée à un phénomène de récurrence :

— *nenpòt ki lè, ki lajouné, ki lannuit, ki ni lapli, ki ni solèy, ki zòt rich, ki zòt maléré* (« n'importe quand, qu'il fasse jour, qu'il fasse nuit, qu'il pleuve, qu'il fasse soleil, que vous soyez riche, que vous soyez pauvre »).

LA CONNIVENCE ENTRE CONTEUR ET AUDITOIRE

Une autre qualité de la belle parole — la conni-vence entre le conteur et son public — n'est percep-tible que si, dans un effort de reconstitution mentale de la scène du récit, on retrouve à la fois les gestes, le débit, la voix, la volubilité du conteur, révélant son plaisir de dire. Dans un texte oral, ce plaisir est traduit par le rythme, les pauses, les accélérations, autant de signes qui expriment une joie, celle d'être en communication, en communion avec son audi-toire.

— *Krik ?* dit le conteur (« Vous m'écoutez ? Vous me suivez ? Vous êtes toujours avec moi ? »).

— *Krak !* répond l'auditoire (« Oui, nous sommes pendus à tes lèvres »).

Dans le jeu que mène le conteur avec son public, les « tim-tim » – formules-devinettes qui précèdent la narration du conte créole - jouent un rôle important.

Les « tim-tim » plaisent par les images auxquelles elles font allusion. Par exemple :

— Question   *tranndé ti poul blan asi on kousen wòz* : « trente-deux petites poules sur un coussin rose ? »

— Réponse : « Les dents et la langue. »

Ainsi que par l'image associée à un jeu de sonorités, ou par le côté lapidaire mais complet de la formulation qui implique une réponse tout aussi brève et précise. Par exemple :

— Question : *Dòktè anba dlo* : « Un médecin sous l'eau ? »

— Réponse : « Le poisson-chirurgien. »

La langue créole utilise également un très grand nombre de comparaisons qui sont aussi de *bèl pawòl* de par leur côté railleur ou humoristique. Par exemple :

Ou léjè kon tòti a doulè : « Tu es aussi légère qu'une tortue percluse de rhumatismes. »

Sa ra kon nèg a zyé blé : « C'est aussi rare qu'un nègre aux yeux bleus. »

LE PROVERBE

La *bèl pawòl* créole, c'est aussi le proverbe.

La langue, dit le proverbe créole, « est un bâton que tu as à la main et qui doit t'aider à monter le morne ». Si la langue est un moyen, la parole, elle, est une force, c'est-à-dire un pouvoir que nous avons de changer le monde. Mais pour ce faire, la parole doit convaincre et donc s'énoncer en formules brèves.

Les *tipawòl* (« petites paroles ») valent mieux que de longs discours ; elles possèdent un effet pour ainsi dire magique. Ces petites paroles s'expriment dans les proverbes. Pour qu'un proverbe ait toute sa force, il faut le prononcer au bon moment, avec le ton sentencieux, l'énergie contenue des consonnes et la musicalité des voyelles.

Soukré tèt, pa kasé kou : « Le fait de secouer la tête ne casse pas le cou » (« Ce qui est naturel ne fait pas mal »).

Vòlè volé vòlè, Dyab ka ri : « Quand un voleur vole un autre voleur, le diable s'en réjouit » (« À malin, malin et demi »).

Les proverbes tirent aussi leur force de leur sens profond :

Two présé pa ka fè jou wouvè : « Être trop pressé ne fait pas se lever le soleil » (« Tout vient à point à qui sait attendre »).

Et de la justesse des images qu'ils évoquent :

Chyen pa ka fè chat : « Les chiens ne font pas des chats » (« Tel père, tel fils »).

Nous tenons à souligner l'importance de la parole dans le vécu des Guadeloupéens. Il existe d'ailleurs une multitude de proverbes créoles où intervient le mot *pawòl* ou *palé* ; parole qui, d'après ces proverbes, peut avoir des côtés positifs, mais peut très bien aussi être stérile, voire nuisible.

Pawòl an bouch pa chaj ! : « Les paroles n'ont pas de poids dans la bouche » (« Ce sont des promesses sans lendemains »).

Pawòl a nèg pa ni fen : « Les nègres n'en finissent pas de palabrer. »

Pawòl pa fèt pou èkonomizé : « Les paroles n'ont pas été créées pour qu'on les économise » (« Il est bon de parler »).

Palé mal sé nouriti a zorèy : « La médisance est la nourriture des oreilles. »

Sé palé twòp ki fè si krab pa ni tèt : « C'est à cause de son bavardage que le crabe n'a pas de tête » (« Parler trop, nuit »).

PAROLE ET SILENCE

La sagesse populaire sait qu'il faut savoir tenir sa langue parce que :

Séré pawòl an kyè pa ka pouri trip : « Une parole qu'on garde dans son cœur ne fera pas pourrir les tripes. »

Toutefois, aucun proverbe créole ne valorise le silence par opposition à la parole, comme le font plusieurs proverbes français : « Il est bon de parler et meilleur de se taire » ou « La parole est d'argent mais le silence est d'or ».

Ce n'est peut-être pas un hasard.

Pas un hasard non plus le fait que le terme « silence » lui-même n'ait pas d'équivalent en créole, et que « se taire » se dise *pé*, « paix ».

« Taisez-vous » se dira « paix » s'il s'agit d'une

injonction, ou « paix vous autres » / « paix à vos bouches » si l'on veut nuancer l'ordre.

Ainsi donc « silence » est associé à « paix », sous-entendu « paix de l'âme », c'est-à-dire la mort.

Cela expliquerait au moins deux observations courantes dans notre société créole.

La première concerne le bien et le mal. À la veille de mourir, celui qui a la conscience en paix n'aura rien à dire et mourra en silence. En revanche, celui qui est supposé avoir fait du tort à ses contemporains par des moyens occultes ne pourra pas se taire et éprouvera le besoin de *déparlé* : d'« avouer ses méfaits » avant de trouver la paix de l'âme.

La deuxième observation touche au comportement bruyant des vivants dès qu'un décès est constaté, contrairement à d'autres sociétés où règne autour de la dépouille un « silence de mort » (!) :

— L'annonce de la mort se faisait, et se fait encore, de façon bruyante (corne de lambi, cris, hurlements) et non sous forme de chuchotements, preuve d'une émotion contenue.

— La veillée mortuaire elle-même est une manifestation de vie (musique, tambour, nourriture, boissons), mais aussi de joie (rires, plaisanteries, jeux), comme pour aider les parents du défunt à mieux supporter leur douleur en détournant leur attention (le silence aurait rendu la mort plus effective, plus douloureuse).

La parole, le bruit, le tapage s'opposent donc, semble-t-il, au silence comme la VIE à la MORT. Dire de quelqu'un qu'il a « perdu la parole » ne veut pas dire qu'il est « resté coi », « sans voix », « sans pouvoir

répondre » ; en effet, « perdre la parole », c'est
« perdre l'essentiel de la vie », c'est « perdre un pouvoir », c'est « être dans l'antichambre de la mort ».

EN CONCLUSION

La poésie écrite plonge ses racines dans une esthétique du langage qui existe bien avant l'écriture.

Le sens esthétique de la langue prend naissance
avec le plaisir de parler, il s'articule autour de ce
plaisir sensuel — sons, rythme, mélodie.

La « belle parole » aurait ainsi deux composantes :

— l'une axée autour de la notion de vérité, de
conformité, exprimant une adéquation entre la réalité et l'expression de cette réalité (par l'image, l'ana-
logie, la déduction, l'argumentation, la rhétorique) ;

— l'autre étant celle de la sensualité, du plaisir de
la parole.

Plaisir et réalité, deux principes de vie : la belle
parole est ressentie comme telle toutes les fois où elle
respire la joie de vivre.

DÉCRIRE LA *PAROLE DE NUIT*

Composition Eurocomposition.
Impression CPI Bussière
à Saint-Amand (Cher), le 3 juillet 2010.
Dépôt légal : juillet 2010.
1ᵉʳ dépôt légal dans la collection : février 1994.
Numéro d'imprimeur : 101793/1.

ISBN 978-2-07-032832-1./Imprimé en France.